Henriette Wich

erste liebe kairo

Henriette Wich

erste liebe kairo

Klopp · Hamburg

Einband und Reihengestaltung von Kerstin Schürmann, formlabor
Satz: Utesch Media Processing GmbH, Hamburg
Druck und Bindung: Clausen & Bosse, Leck
Printed in Germany 2005
ISBN 3-7817-2309-7

www.klopp.biz

Fremden Kulturen sollen wir begegnen, indem wir Vertrauen zu uns selbst haben. Wir müssen unsere Kinder lehren, geistig unabhängig zu sein und sich nicht ohne Grund für etwas zu begeistern. Wenn sie von einer Idee angetan sind, sollen sie darüber nachdenken, sie ausprobieren und kritisch analysieren. Nur so werden sie in der Lage sein, die Idee abzulehnen, zu verändern oder auch anzunehmen, wenn sie gut ist.

Nagib Machfus:
Mein Ägypten

Kapitel 1

»Kairo??? Ihr macht Witze!« Ich setze meine Videokamera ab und drücke auf Stopp. Diesen Moment werde ich bestimmt nie vergessen, den muss ich nicht aufnehmen.

»Warum nicht?«, sagt Papa. »Kairo ist toll. Seitdem ich vor drei Jahren dort war, du weißt schon, wegen dieser Reportage, lässt mich die Stadt einfach nicht mehr los.« Er steht auf und läuft im Wohnzimmer auf und ab. Reisefieber blitzt in seinen Augen.

Cut! Wo bleibt der Schnitt? Verdammt, das ist kein Film!

Mama setzt ihren Harmonieblick auf. Den hab ich schon immer gehasst. »Chiara, du weißt, dass wir uns langsam entscheiden müssen. Die Fristen für die Anmeldung laufen ab. Und überhaupt, das Thema ist doch nichts Neues …«

»Stimmt«, sage ich. »Wir wollen für ein paar Jahre ins Ausland gehen, okay. An eine deutsche Schule, wo du Kunst unterrichten kannst, auch okay. Spanien, Frankreich, Schweiz, total okay. Aber wie zum Teufel kommt ihr plötzlich auf Ägypten?«

»Also, ich find's durchgeknallt«, sagt Hanno. »Durchgeknallt, aber total krass. Wenn ich das meinen Freunden erzähle, flippen die aus.«

War ja klar, dass mir mein großer Bruder in den Rücken fällt. Wahrscheinlich wittert er schon wieder ein Abenteuer. Je verrückter, desto besser.

Papa setzt sich wieder hin. »Du hast Recht, Chiara. Lass uns erst mal drüber reden. Wo würdest du denn am liebsten hingehen?«

»Paris!«, sage ich. »Ich mag die Stadt und die Sprache und das Essen. Aber das Beste ist das Kino! Endlich könnte ich mir *Amélie* im Original anschauen und die ganzen Filme mit Emmanuelle Béart. Und da wird bestimmt oft auf den Straßen gedreht, nach Paris wollen doch alle großen Regisseure irgendwann.«

»Also auch die großen Regisseure von morgen?«, fragt Papa und grinst.

»Mach dich nicht über mich lustig!«

»Tu ich gar nicht«, sagt Papa, »echt nicht. Früher wollte ich ja auch mal Regisseur werden, aber dann bin ich halt doch beim Journalismus gelandet.«

Mama spielt mit einer ihrer selbst gebastelten Perlenketten. »Paris ... oui, superbe! Wenn ich da an mein Jahr an der Akademie denke – unsere WG, lauter Kunststudenten, die Ausstellungen, die Feten ...«

»Na also, auf nach Paris!«, rufe ich.

Papa schüttelt den Kopf. »Das geht leider nicht. Da sind die Plätze längst ausgebucht, wir haben uns schon erkundigt. Und es gibt ewig lange Wartelisten für die nächsten Jahre. So lange wollen wir aber nicht mehr warten.«

»Na toll! Das hättet ihr auch gleich sagen können. Und was ist mit Spanien?«

Hanno stöhnt. »Das kennen wir doch schon auswendig. Wie oft waren wir dort im Urlaub, fünfmal, sechsmal?«

»Viermal«, sagt Mama. »Stimmt, das muss nicht sein. Wollt ihr nicht auch mal was anderes sehen? Eine fremde Kultur, Wüste?« Dabei lächelt sie Papa an.

Alles klar. Papa hat ihr den Floh ins Ohr gesetzt und sie konnte wieder nicht Nein sagen. Jetzt tut sie so, als hätte sie schon immer davon geträumt, nach Ägypten zu gehen. Das Schlimmste daran ist: Irgendwann wird sie tatsächlich total begeistert sein. Ätzend! Hoffentlich werde ich nie so wie sie.

»Ich dachte, du verträgst keine Hitze«, sage ich zu ihr.

»Wozu gibt es Klimaanlagen?«

Sie weiß auch auf alles eine Antwort.

Papa springt schon wieder auf und legt eine CD ein. Ich werfe einen Blick aufs Booklet: arabische Schriftzeichen. Papa versucht es wirklich mit allen Mitteln. Wenn er erst mal anfängt, für ein Land zu schwärmen, ist er nicht mehr zu bremsen. Die Musik klingt nach ausgeleiertem Kassettenlaufwerk.

»Stopp!«, rufen Hanno und ich gleichzeitig.

In puncto Musik waren wir schon immer auf einer Wellenlänge. Früher haben wir auch zusammen Musik gemacht: Er am Keyboard und ich hab dazu gesungen. Alles lange her. Jetzt hat er seine eigene Band und braucht mich nicht mehr.

»Also, ich bin ja musiktechnisch ziemlich offen«, sagt Hanno, »aber das ist echt Scheiße. Falls ich da drüben eine neue Band aufmache, stell ich das gleich am Anfang klar: kein arabisches Gedudel!«

Papa legt Hanno den Arm um die Schulter. »Das heißt, du wärst einverstanden mit Kairo?«

»Klar«, sagt Hanno.

Am liebsten würde ich jetzt schreien, wie der kleine Oskar in der *Blechtrommel*. Einfach so lange schreien, bis die Gläser in der Vitrine und in Mamas Bilderrahmen zerspringen.

Stattdessen kämpfe ich weiter: »Kairo ist so verdammt weit weg. Da kann ich mich ja nicht mal zwischendrin in den Zug setzen und schnell zu Doro fahren und zu unserer Clique.«

»Och«, sagt Hanno. »Hat meine kleine Schwester jetzt schon Heimweh nach ihrer besten Freundin? Hey, in Kairo findest du neue Freunde!«

»Lass mich in Ruhe!«

Mama sieht mich ernst an. »Ja, ich weiß, das ist hart. Ehrlich gesagt graut mir auch schon davor, meine Künstler-Gruppe nicht mehr zu sehen. Aber loslassen müssen wir so oder so, egal, ob wir nun nach Spanien oder weiter weg gehen.«

Wo hat sie das denn wieder her, aus einem ihrer Psychobücher? *Lass los! Abschied leicht gemacht in sieben Schritten?*

»Genau«, sagt Papa. »Weiter weg ist sogar gut. Dann bist du nicht immer hin- und hergerissen zwischen zwei Welten. Dann kannst du dich so richtig auf das neue Land stürzen, ganz eintauchen. Weißt du, was ich meine?«

»Schon«, sage ich.

Eigentlich mag ich es, wenn er so schwärmt. Das macht er immer, wenn er als Journalist ein neues Land entdeckt hat, egal, ob es China, Südamerika oder Österreich ist. Aber heute denke ich bloß: Stopp, cool down! Wir machen die Szene noch mal. Fahr die Emotionen runter, okay, Papa?

Ich sage: »Trotzdem, Kairo ist nicht mein Ding. Der ganze Smog, die Hitze und die Leute, die ständig in Moscheen rennen. Und auf Arabischlernen hab ich auch keinen Bock.«

Mama lächelt. »Das musst du auch gar nicht, Chiara. An der deutschen Schule ist der Unterricht sowieso auf Deutsch. Viele ägyptische Schüler kommen nämlich aus zweisprachigen Familien. Meistens ist der Vater Ägypter und die Mutter Deutsche.«

»Du hast dich ja ziemlich gut informiert«, sage ich. »Heißt das, ihr habt euch eh schon entschieden, egal, ob ich mitkommen will oder nicht?«

Papa schüttelt den Kopf. »Nein, natürlich nicht. Aber wir wollen wirklich weiter weg und Kairo bietet sich einfach an. Die deutsche Schule dort ist gut und die suchen da gerade Lehrer. Und freie deutsche Journalisten gibt es auch nicht so viele in Kairo. Das heißt, ich hab dort gute Chancen, Reisereportagen für deutsche Magazine zu schreiben.«

»Ihr redet immer nur von euch! Und was ist mit mir? Ich bin fünfzehn! Ihr könnt mich nicht einfach wie ein Baby in den Flieger packen.«

Mama und Papa sehen sich an.

Dann sagt Mama: »Okay. Denk in Ruhe darüber nach, Chiara. Und wenn es dir in Kairo nicht gefällt, kannst du ja auch jederzeit zurückfahren. Da finden wir schon eine Lösung. Du könntest zum Beispiel zu Tante Monika ziehen und hier zur Schule gehen.«

Das war der erste vernünftige Satz von ihr heute Abend.

Szene Eins; innen/Tag

DEUTSCHE STADT/FLUGHAFEN/ABFERTIGUNGSHALLE

Totale von oben: Menschenmassen in der Abfertigungshalle. Zoom auf eine Gruppe von vier Personen. Chiara (15) steht mit ihren Eltern und ihrem Bruder Hanno (16) vor der Passkontrolle. Hanno gibt Chiara kurz die Hand und grinst.
Die Eltern umarmen Chiara abwechselnd, einmal, zweimal, dreimal. Macro: Chiaras Gesicht.
Sie verdreht die Augen.

Der Vater:
(mit tränenerstickter Stimme)
Chiara, du fehlst mir jetzt schon!
Die Mutter:
Kommst du wirklich alleine klar?
Chiara:
(genervt)
Natürlich.
Der Vater:
Also dann bis Weihnachten.
Die Mutter:
Pass auf dich auf!
Chiara:
(ungeduldig)
Viel Spaß in Kairo!

Die Eltern und Hanno trennen sich von Chiara. Hintereinander gehen sie durch die Absperrung, winken. Der Vater winkt am längsten. Schwenk: Chiara dreht sich um und stellt sich unter einen Bildschirm mit den Abflugzeiten. Sie sucht das Flugzeug ihrer Eltern, findet es. LH 210 Kairo 13.13 Uhr. Zeitlupe: Der Bildschirm löst sich aus der Halterung und fällt genau auf Chiaras Kopf. Chiara schreit auf und fällt zu Boden. Zeitlupe Ende. Unter den Reisenden ist ein Arzt. Er untersucht Chiara, schüttelt den Kopf, drückt ihr die Augen zu. Dann breitet er ein Tuch über ihren Körper. Chiaras Eltern und Hanno rennen zu Chiara hin. Sie brechen neben dem Leichnam zusammen.

Der Vater:
Chiara, wach auf, bitte!

Hanno:
(flüsternd)
Es ist zu spät.
Die Mutter:
(schreiend)
Nein!!!
Der Vater:
Wir hätten sie nie allein lassen dürfen. Wir hätten zusammenbleiben müssen.
Die Mutter:
Warum waren wir bloß so egoistisch?
Hanno:
Und ich hab mich noch über sie lustig gemacht …
Der Vater:
(schluchzend)
Ich werde nie, nie wieder nach Kairo fliegen!

Zoom out, die Szene verschwimmt.

Kapitel 2

Meine Hände zittern. Ich sitze im Flugzeug am Fenster, die Videokamera läuft. Hoffentlich hab ich nicht die falsche Entscheidung getroffen!

Das soll Kairo sein, die Großstadt mit über siebzehn Millionen Einwohnern? Ich sehe nur Wüste. Das Flugzeug geht tiefer. Plötzlich ist der sandfarbene Schleier weg. Ach so, das war Wüstensand und Smog. Da sind ja die Häuser. Eine endlose braune Masse, in der Mitte ein blaugraues Band, der Nil. Rechts und links hässliche Wolkenkratzer.

Mir wird übel. Wo ist hier der Notausgang?

Papa rutscht auf seinem Sitz herum. »Gleich sind wir da. Bist du aufgeregt? Musst du nicht sein. Es wird alles ganz wunderbar.«

»Klar«, sage ich, obwohl ich Papa kein Wort glaube.

Mama hält Papas Hand. Hinter mir flirtet Hanno mit seiner Nachbarin, einer jungen Amerikanerin. Doro, warum bist du nicht da?

Das Flugzeug setzt zum Landeanflug an. Ich packe meine Kamera in den Rucksack und schiebe ihn unter meinen Sitz. Wie oft gehen eigentlich Flüge von Kairo nach Deutschland? Hätte ich doch bloß noch zu Hause im Internet recherchiert! Jetzt ist es zu spät. Als der Flieger auf dem Boden aufsetzt, mache ich die Augen zu. Das ist alles gar nicht wahr. Eigentlich bin ich nicht hier.

Aber ich bin hier, in einer Maschine mit tausend Menschen, die jetzt alle gleichzeitig aufstehen, reden, nach ihrem Handgepäck suchen und es nicht erwarten können, ägyptischen Boden zu betreten.

Ich lasse sie gern vorausgehen, Hanno und meine Eltern auch. Aber irgendwann stehe ich auch auf der Treppe. Grelles Licht, eine Welle aus Hitze. Ich mache den Mund auf und krieg kaum Luft. Und gleich die nächste Welle: diesmal aus Lärm. Ägypter, die wild gestikulieren und sich lautstark auf Arabisch anschreien, obwohl sie direkt nebeneinander stehen. Wie in *Casablanca*. Ingrid Bergmann auf dem Markt, den Händlern ausgeliefert. Bis Humphrey Bogart kommt und sie erlöst. Und wer erlöst hier *mich*?

Im Bus, der uns zum Flughafengebäude bringt, ist es noch ein paar Grad heißer als draußen. Mein T-Shirt klebt und von allen Seiten rücken mir die Leute auf die Pelle. Endlich hält der Bus und spuckt uns alle aus.

Papa läuft voraus. Er sieht sich kurz um, spricht einen Ägypter auf Englisch an und winkt uns zu. »Da vorne kriegen wir unser Gepäck!«

Meinen Vater könnte man auch auf dem Mars aussetzen. Dort würde er sich genauso spielend zurechtfinden und keine einzige Sekunde gestresst sein.

»Wunderbar«, sagt Mama. Sie atmet tief durch und tupft sich mit dem Taschentuch Schweißperlen von der Stirn.

Papa und Hanno wuchten unsere Koffer auf zwei Gepäckwagen. Kaum sind wir draußen, stürmen ein paar wild gewordene Taxifahrer auf uns zu und gehen gleich auf Körperkontakt, superaufdringlich.

»Welcome to Egypt!«

»I bring you to your hotel.«

»Only fifty pounds!«

Am liebsten würde ich sofort wieder umkehren. Ich sehe Hanno an, er sieht mich an und tippt sich an die Stirn. »Total durchgeknallt!«

»Die spinnen!«, sage ich.

Dann müssen wir beide lachen.

Papa verhandelt inzwischen mit den Taxifahrern. Er feilscht so lange, bis der Preis für ihn okay ist. Wir schaffen es tatsächlich, die anderen Fahrer abzuschütteln, und quetschen uns in den schwarzen Wagen. Sofort brettert der Taxifahrer mit einer Affengeschwindigkeit los.

Mir bleibt fast das Herz stehen. »Ob wir das überleben?«, frage ich.

Hanno grinst, aber auch er ist ein bisschen blass um die Nase. »Wenn nicht, hatten wir wenigstens am Schluss noch ein bisschen Action.«

Papa dreht sich zu uns um. »Keine Panik! Die Autofahrer passen hier viel mehr auf als in Deutschland. Da denkt keiner, ich hab Vorfahrt, egal, was passiert.«

»Wie beruhigend«, sagt Mama und zeigt aus dem Fenster. »Und du meinst wirklich, das nützt was?«

Wir sind jetzt fast im Zentrum, in einem Knäuel aus Hochstraßen. Keiner achtet auf die Spuren, alle schneiden von den Seiten rein und hupen wie verrückt. Ich krampfe meine Hände um den Haltegriff am Fenster.

»Wie lang dauert's denn noch?«, frage ich.

Papa guckt auf die Uhr. »Etwa eine halbe Stunde. Aber in Kairo kann man das nie so genau sagen, da gibt es oft Stau.«

Er hätte das Wort nicht aussprechen sollen. Genau in dem Moment stockt der Verkehr und kurz darauf stehen wir in einer Blechlawine von stinkenden, hupenden Autos.

Unser Taxifahrer zuckt mit den Schultern, sagt: »Malesh!«, und legt eine Kassette ein. Ein monotoner, scheppernder Sprechgesang dröhnt los.

»Was ist das denn?«, fragt Hanno. »Ägyptischer Rap?«

Papa lacht. »Nee, ein Koranrezitator. Die Kassetten sind total beliebt hier.«

»Klar«, sagt Hanno. »Zu Hause hören wir ja auch am liebsten Kirchenlieder beim Autofahren.«

Mir bleibt das Lachen im Hals stecken. Was ist das bloß für ein Land? Beten die wirklich von morgens bis abends?

Endlich geht es wieder weiter. Wir lassen das Zentrum hinter uns, der Verkehr lichtet sich und wir brausen auf einer Schnellstraße dahin.

»Wo ist unsere Wohnung noch mal?«, frage ich.

»In Maadi«, sagt Mama. »Da wohnen ziemlich viele Lehrer. Eine Kollegin hat mir am Telefon erzählt, dass es da richtig grün ist, mit vielen alten Bäumen und so.«

Der Taxifahrer grinst. »Maadi! Here we are.«

Ich sehe aus dem Fenster. Von wegen grün! Oder bedeutet grün in Kairo, dass es mehrere (!) Bäume am Straßenrand gibt? Die sind allerdings gar nicht so schön grün wie bei uns, sondern total dürr und vertrocknet.

Plötzlich bremst der Taxifahrer abrupt vor einem breiten Tor. »Number 17. Are you living here?«

»Yes«, sagt Papa und erzählt sofort lang und breit, was wir hier machen und dass wir drei Jahre bleiben.

O Mann, muss er sich immer gleich mit jedem anfreunden?

Der Taxifahrer hört begeistert zu, dann sagt er, wo er wohnt, wie viele Kinder er hat und was er sonst noch so macht, blablabla …

»Papa!«, rufe ich. »Hilfst du mir mal mit meinem Koffer?«

Sofort springt der Fahrer aus dem Wagen und nimmt mir den Koffer ab. Schnell holt er auch noch den Rest und stellt alles vors Tor. Papa bedankt sich überschwänglich und gibt ihm ein üppiges Trinkgeld.

Hanno rüttelt am Tor. »Hast du einen Schlüssel, Papa?«

Papa schüttelt den Kopf. »Den Schlüssel bringt der Makler mit. Er müsste eigentlich gleich hier sein. Wir haben uns um elf Uhr verabredet.«

Ich gucke auf meine Armbanduhr. »Gleich Viertel nach elf. Der hat aber die Ruhe weg!«

»Hier sind die Leute eben nicht so spießig und pünktlich wie bei uns«, sagt Papa.

»Eigentlich ganz sympathisch«, sagt Mama.

Eine Stunde später findet sie es nicht mehr ganz so sympathisch. Der Makler ist immer noch nicht aufgetaucht. Wir fragen bei den ägyptischen Nachbarn nach. Die sind nett, wissen aber auch nichts. Trotzdem reden sie auf uns ein und schicken uns auf die andere Straßenseite zu anderen Nachbarn.

»Yes, he will come soon«, sagen die. »Do you want a cup of tea?«

In dem Moment biegt ein Auto um die Ecke. Ein dunkelhäutiger Mann im blauen Anzug steigt aus und kommt gemächlich auf uns zu. »Familie Lorenz? Herzlich willkommen in Kairo!«

»Hatten wir nicht elf Uhr vereinbart?«, sagt Mama. »Jetzt ist es halb eins.«

Der Makler sieht sie an und lächelt. »Malesh!«

BETREFF: CHAOS IN KAIRO

Hi, Doro!

Ja, ich lebe noch! Aber ich fass es nicht, dass mein Computer überhaupt funktioniert. Hier ist nämlich das totale Chaos. Unsere Wohnung ist *eigentlich* ganz okay. Eine Doppelhaushälfte mit großem Wohnzimmer, Terrasse, Garten usw. Ich hab mir gleich das schönste Zimmer geschnappt. Schau dir den kurzen Digitalfilm an, den ich dir angehängt hab. Dann siehst du, wo ich jetzt gerade bin! :-)

Aber: Es ist so heiß wie in einem Backofen, kein Wunder bei den riesigen Fenstern. Und wir haben nette kleine Mitbewohner: Ameisen!!! Die spazieren vom Garten direkt in die Küche. Supereklig! Es kommt noch besser: Das Klo war total verstopft. Papa musste einen Klempner holen. Der kam erst ewig nicht, genauso wie unser Makler. Malesh! Tut mir Leid, macht nichts, sagen die hier alle. Ja, mir tut es auch Leid! Dass ich hier in dieser verrückten Stadt gelandet bin.

Du kannst dir nicht vorstellen, wie hässlich Kairo ist! Automassen, Hochhäuser, Staub, Hitze, Lärm! Ich war so platt, dass ich nicht mal gefilmt hab, als wir mit dem Taxi hierher gefahren sind. Aber das hole ich natürlich nach!

Doro, ich glaub es einfach nicht, dass du jetzt so weit weg bist! Am liebsten würde ich sofort mit dem Rad zu dir rüberfahren und dir alles erzählen. Du fehlst mir!

Was machst du so? Gehst du heute noch zum Schwimmtraining? Und triffst du dich später mit der Clique? Geht ihr ins Kino? Sag den Mädels ganz liebe Grüße! Vergesst mich nicht, ja? Und denkt an mich, wenn ihr den neuen Film mit Heike Makatsch seht!

Gerade kommt mein Vater rein und fragt, ob wir heute noch raus zu den Pyramiden fahren. Supertolle Idee bei der Hitze!

Mail mir bitte gleich, sonst bin ich vielleicht weg.
Ciao und Cut!
Chiara

Fünfzehn Minuten später.

RE: CHAOS IN KAIRO
Hi, Chiara!

Das klingt ja heftig. Du bräuchtest wahrscheinlich drei Gehirne, um das alles an einem Tag zu verarbeiten. Aber das musst du ja zum Glück nicht. Lass dich nicht unterkriegen!

Ich wär jetzt gern bei dir in Kairo, zu zweit macht so eine Stadt bestimmt total Spaß. Wir könnten auf einen Bazar gehen: Du suchst dir tollen, superbilligen Modeschmuck aus und ich halte die aufdringlichen Händler von dir ab. Ich wollte doch schon immer mal feilschen. Danach setzen wir uns ins Kaffeehaus und trinken Tee. Und du filmst mich dabei, wie ich jede Menge ägyptische Verehrer abblitzen lasse, die sich auf uns beide stürzen.

Klar vergessen wir Mädels dich nicht! Und ich schreib dir alles, was hier so passiert. Heute gehen wir nur in die Kaffeebar, der neue Film mit Heike Makatsch läuft erst morgen an.

Jetzt muss ich los zum Training. Viel Spaß bei den Pyramiden!

Du fehlst mir auch!
Doro

Zum ersten Mal stehe ich mitten in der Wüste. Hier ist es noch heißer als in der Stadt. Flirrende, trockene Hitze, die vom Sandboden aufsteigt und mir den Atem nimmt. Mein T-Shirt, das ich vor einer halben Stunde frisch angezogen habe, ist schon wieder klatschnass. Und meine Finger auf der Videokamera rutschen dauernd ab. Warum hab ich mich bloß von Papa breitschlagen lassen?

Vor mir ein riesiger Steinhaufen. Einer von dreien. Das sind sie also, die berühmten Pyramiden. Aus der Nähe sehen sie gar nicht so toll aus. Ich lege den Kopf in den Nacken und zoome die Cheops-Pyramide näher ran. Hey, die Spitze ist weg! Das könnte auch ein Berg sein, oben abgeflacht, oder ein Haufen Geröll, den jemand hier abgeladen hat. Enttäuscht schalte ich die Kamera aus und setze mich auf den Boden. Ein paar Männer von der Touristenpolizei laufen an mir vorbei. Von denen wimmelt es hier nur so.

Plötzlich kommt Hanno zu mir her und ruft: »Stopp!«

»Was ist los?«, frage ich. »Sitze ich auf einem Killer-Skarabäus?«

Hanno lacht. »Du hast zu viele schlechte Ägypten-Filme gesehen!« Dann zeigt er auf ein Schild neben mir: *No climbing!*

»Gut, dass du mich gewarnt hast!«, sage ich und muss grinsen. »Ich wollte schon hochklettern. Die Polizisten hätten sich so gefreut.«

Hanno setzt sich neben mich. »Und ich wollte den obersten Stein mitnehmen, als Andenken für zu Hause.«

Wir sehen uns an und grinsen nun beide.

»Hast du dir Kairo so vorgestellt?«, frage ich ihn.

»Nee. Die Hitze schlaucht total und die Leute ticken schon ein bisschen anders.«

»Ein bisschen? *Total* anders!«

Hanno nickt. »Mag sein. Aber langweilig wird's hier bestimmt nicht.«

»Mit Papa sowieso nicht«, sage ich.

Er joggt gerade auf uns zu, in der einen Hand die Digitalkamera, in der anderen Hand sein Notizbuch, in das er immer alle Reiseeindrücke sofort reinkritzelt.

»Das *müsst* ihr sehen! Die haben hier die Sonnenbarke ausgestellt. Ihr wisst schon, das Himmelsschiff. Damit fährt die Seele vom verstorbenen Pharao zum Gott Re und zur Ewigkeit.«

Ich verkneife mir ein Gähnen. »Ach ja?«

»Totenkult?«, sagt Hanno. »Ich komme!«

Die beiden ziehen ab.

»Wo ist eigentlich Mama?«, rufe ich ihnen hinterher.

Papa dreht sich um. »Die malt, drüben bei der Chephren-Pyramide.«

Das hätte ich mir denken können. Ohne Skizzenbuch geht sie nie aus dem Haus. Langsam stehe ich auf und schlendere in Richtung Chephren-Pyramide.

Nach ein paar Metern stürmt plötzlich ein junger Ägypter auf mich zu. Er klappt ein Leporello mit vergilbten Postkarten vor meiner Nase aus.

»Do you want postcards? Very cheap!«

Ich schüttele den Kopf und gehe weiter. »No, thanks.«

Der Typ folgt mir. »Where do you come from? Germany?«

Ich nicke.

Er strahlt und zeigt mir eine große Zahnlücke. »Germany is number one! Welcome to Egypt!«

Ich lächele aus Höflichkeit. Das scheint der Typ falsch zu verstehen. Er legt mir das Leporello um den Hals. »Nur ein Euro. Für dich, ist Geschenk.«

»No, thanks!«, sage ich noch mal und gebe ihm das Leporello zurück.

»Wonderful postcards!«, ruft der Händler und rückt mir nicht von der Pelle.

Jetzt wird es mir langsam unheimlich. Ich gehe schneller. Der Händler läuft mir immer noch nach. Ich drehe mich nicht um, werde noch schneller. Endlich gibt er auf und bleibt zurück.

Mir rinnt der Schweiß von der Stirn. Was fällt dem Typen ein? Hat der gedacht, ein ausländisches Mädchen, das alleine hier herumspaziert, ist eine leichte Beute?

Wütend laufe ich weiter. Endlich bin ich bei der Chephren-Pyramide.

Meine Mutter sitzt mit ihrem großen Sonnenhut und einem ihrer geliebten Batikkleider auf einer Decke und beugt sich tief über ihr Skizzenbuch. Sie hat mich nicht mal gehört.

»Mama?«

»Ja?«, sagt sie. Immer, wenn sie malt, ist sie mit ihren Gedanken weit weg.

»Mama!«

Jetzt sieht sie hoch. »Ach, du bist es, Chiara. Alles klar?«

»Nein! Da wollte mir eben so ein aufdringlicher Typ unbedingt Postkarten verkaufen.«

Mama lacht. »Bei mir war es einer mit T-Shirts. Zum Glück sind nicht alle Ägypter so. Aber die Händler bei den Touristenorten sind berüchtigt.«

Da schaukelt ein Ägypter auf einem Kamel auf uns zu.

»Do you want to ride around the pyramids?«

Wir schütteln beide den Kopf.

»It's not expensive.«

»No!«, sagt Mama.

Als das immer noch nichts hilft, stülpt sie das Futter der beiden Taschen an ihrem Kleid nach außen.

»Look, she's got no money!«, rufe ich. »*We* have got no money!«

Der Kameltreiber guckt uns mit einer Mischung aus Mitleid und Misstrauen an, aber er zieht mit seinem Kamel ab.

Mama und ich grinsen uns an.

»Tja, dumm gelaufen!«, sage ich.

Mama hält mir ihren Block hin. »Wie findest du das?«

Es ist eine Kreidezeichnung. Die Chephren-Pyramide sieht man nur ganz verschwommen. Im Zentrum ist die Wüste. Die flirrende Hitze hat Mama mit lauter wilden Kreidestrichen in verschiedenen Gelb- und Brauntönen umgesetzt. Sie scheinen zu explodieren.

»Toll«, sage ich. »Ich kann mir die Hitze richtig gut vorstellen. Sie ist wie ein Wirbelwind, der alles durcheinander bringt.«

Mama lächelt. »Genau das wollte ich auch zeigen. Schön, dass es dir gefällt.« Dann beugt sie sich wieder über ihren Block, malt weiter und hat mich vergessen.

Ich sehe ihre Hände an und plötzlich steigen Tränen in mir hoch. Diese verdammten Sandkörner fliegen einem auch ständig in die Augen!

Kapitel 3

Mama hat es tatsächlich mitten in der Nacht – um Viertel vor sieben, hier fängt die Schule nämlich schon um zwanzig nach sieben an! – mit dem Auto durch den höllischen Verkehr bis zur Schule geschafft. Jetzt sieht sie allerdings ziemlich gestresst aus. Während wir einen Strom Schüler über die Straße lassen, zeigt sie auf eine lange, rotbraune Mauer am Gehsteigrand.

»Das ist unsere Schule. Nett, oder?«

»Sehr nett«, sagt Hanno und guckt fasziniert einem hübschen Mädchen mit Kopftuch nach.

Nett? Erstens erkennt man nichts, weil die Mauer so hoch ist, und zweitens erinnert mich das Ganze eher an ein Gefängnis als an eine Schule.

Mama setzt uns vor dem Eingang ab. »Treffen wir uns um Viertel vor drei auf dem Parkplatz?«

»Wenn ich dann noch lebe«, sage ich. Wie ich diese endlose Zeit hier herumkriegen soll, weiß ich wirklich nicht.

Hanno steigt als Erster aus und nickt mir zu. »Na dann, viel Spaß mit den verrückten Ägyptern!«

»Augen zu und durch«, sage ich.

Hanno schüttelt den Kopf. »Nee, sonst verpass ich doch das Beste!« Er folgt dem hübschen Kopftuchmädchen und verschwindet im Gewühl auf dem Schulhof.

Typisch Hanno! Der bleibt bestimmt nicht lange solo.

»Bist du neu?«, fragt mich der Pförtner am Toreingang.

Ich nicke. »Chiara Lorenz, Klasse 10b1.«

Der Pförtner wirft einen Blick auf seinen Plan. »Dein Klassenzimmer ist im gelben Turm, zweiter Stock. Immer geradeaus, du kannst ihn gar nicht verfehlen.«

»Danke«, sage ich.

Jetzt gibt es kein Zurück mehr. Ich laufe über das Schulgelände. Ohne meine Kamera fühle ich mich nackt und beobachtet, obwohl gar niemand komisch guckt. Aber irgendwo neu zu sein hab ich schon immer gehasst. Doro ist da ganz anders als ich, die geht am liebsten auf riesige Partys, wo sie keinen kennt.

Ich komme an grauen Fassaden vorbei, die auf Betonstelzen stehen und mit Brücken verbunden sind. Unterbrochen wird das Einheitsgrau nur von ein paar kleinen Palmen und Türmen in verschiedenen Farben. Der gelbe Turm ist ziemlich weit hinten. Ich gehe extra langsam und lasse die Schüler an mir vorbeiströmen. Zwei Jungs in meinem Alter laufen Hand in Hand. Ich muss grinsen. Entweder, sie sind schwul – oder das Händchenhalten unter Männern ist ein komischer Brauch hier in Ägypten.

Als ich die Tür zum Klassenzimmer aufmache, schlägt mir ohrenbetäubender Lärm entgegen. Die Schüler schreien über die Tische hinweg. Die beiden Jungen von vorhin halten jetzt nicht mehr Händchen. Der eine trommelt dem anderen mit den Fäusten auf den Rücken und beide lachen. Ein Handy klingelt mit einer nervtötenden, arabischen Endlosmelodie. Am liebsten würde ich sofort wieder umdrehen.

Aber da hat mich auch schon ein ägyptisches Mädchen entdeckt. Sekunden später umringt mich eine Traube von strahlenden, bronzefarbenen Gesichtern.

»Hi!«

»Welcome in der 10b1!«

»Hey, schön, dass du da bist!«

»Wie heißt du?«

Warum sind die so superfreundlich? Die wollen mich verarschen, oder? Kein Mensch flippt gleich aus, bloß weil eine Neue in die Klasse kommt.

Bevor ich antworten kann, geht die Tür auf und eine blonde junge Frau betritt das Klassenzimmer. Sie legt ihre Tasche ab, runzelt genervt die Stirn und klatscht in die Hände.

»Ruhe!«, schreit sie gegen den Lärmpegel an. »Setzt euch!«

Sie muss ihren Satz noch dreimal wiederholen, bevor die Schüler überhaupt reagieren. Nur zögernd löst sich die Traube von mir. Die Klasse verteilt sich auf ihre Plätze. Viele reden einfach weiter.

Die Lehrerin seufzt. Dann klopft sie mit dem Lineal auf den Tisch. »Ruhe bitte! Was sollen denn eure neuen Mitschüler von euch denken? Habt ihr sie überhaupt schon begrüßt?«

Sofort klatschen alle und trampeln mit den Füßen. Ich werde rot und drehe mich um. Ein blondes und ein braunhaariges Mädchen sind wie ich stehen geblieben und klatschen nicht. Die sind also auch neu. Sehen irgendwie arrogant aus, die beiden.

»Herzlich willkommen an der Deutschen Evangelischen Oberschule!«, sagt die Lehrerin. »Ich bin Frau Schweiger, die Klassenlehrerin, und unterrichte diesen wilden Haufen in Englisch und Deutsch. Das heißt, ich versuche es. Mit der zehnten Klasse beginnt die Oberstufe und ihr könnt hier in drei Jahren das deutsche Abitur ablegen.«

Alle stöhnen. Frau Schweiger ignoriert es und macht eine Namensrunde. Das geht so schnell, dass ich mir nur ein paar Namen merken kann. Das blonde neue Mädchen heißt Katharina und das ägyptische Mädchen, das mich zuerst entdeckt hat, Dina.

Ich lasse mich auf den letzten freien Platz in der ersten Reihe fallen. Frau Schweiger verteilt die Stundenpläne. Ich starre wie betäubt auf meinen Plan. Das gibt's doch nicht! An zwei Nachmittagen haben wir bis fünf nach halb drei Unterricht und an den anderen Tagen bis Viertel nach eins!

Meine Nachbarin, ein dunkelhäutiges Mädchen mit schwarzem Pferdeschwanz und runder Brille, lächelt mir zu. »Hi, ich bin Mariam.«

»Chiara.«

Mariam dreht sich zu zwei Mädchen um. Halblaut tuscheln die drei auf Arabisch und werfen mir zwischendurch immer wieder Blicke zu. Die machen sich garantiert über mich lustig! Also haben mich auch die anderen vorhin bei der Begrüßung verarscht. Und ich wäre beinahe auf die »ägyptische Herzlichkeit« reingefallen, von der Papa immer so schwärmt!

Sobald es zur ersten großen Pause klingelt, versammeln sich wieder lauter ägyptische Mitschüler um mich herum. Sie nehmen mich in die Mitte, schieben mich hinaus auf die Treppe und hinunter auf den Schulhof. Dort lassen sie mich endlich wieder los, bestürmen mich dafür jedoch alle gleichzeitig mit Fragen.

»Wo kommst du her, Chiara? Aus Deutschland oder aus Österreich?«

»Wie gefällt dir Kairo?«

»Warst du schon im Ägyptischen Museum?«

»Was hast du für Hobbys?«

Es dauert, bis ich endlich auch mal zu Wort komme. »Ich bin aus Frankfurt, das ist in Deutschland. Frankfurt ist auch ziemlich groß, aber nichts gegen Kairo! Nein, im Ägyptischen Museum war ich noch nicht. Aber irgendwann geh ich bestimmt hin mit meiner Videokamera. Ich dreh nämlich gern Digitalfilme.«

»Cool!«, sagt Mariam.

Wetten, die macht sich nicht mehr so schnell über mich lustig?

Auch die anderen sehen mich bewundernd an. Ich werde gleich ein paar Zentimeter größer.

»Sind deine Eltern Lehrer?«, fragt Dina.

»Nur meine Mutter«, antworte ich. »Sie unterrichtet Kunst hier an der Schule. Mein Vater ist Journalist, schreibt Reisereportagen und so.«

»Spannend!«, sagt Dina. »Hast du ein Foto von deinen Eltern dabei?«

Was soll das denn jetzt? Warum sollte ich ein Foto von meinen Eltern mit mir rumschleppen?

Dina zieht ihren Geldbeutel heraus und hält mir stolz ein Foto unter die Nase. »Da, das sind meine Eltern. Meine Mutter ist Deutsche. Sie ist Hausfrau und mein Vater arbeitet in einem großen Reisebüro.«

Ich sehe mir das Foto kurz an und nicke. Dina wirkt ein bisschen enttäuscht. Komisch! Als ob es nichts Wichtigeres auf der Welt gäbe als Eltern. Freundinnen zum Beispiel ... Ach, Doro, wenn du doch jetzt hier wärst!

»Und du warst wirklich noch nicht im Ägyptischen Museum?«, fragt Laila, das einzige Mädchen mit Kopftuch in der Klasse. »Und im islamischen Viertel auch noch nicht? Das müssen wir dir unbedingt zeigen. Hast du morgen Zeit?«

Ich winke ab. Nach dem Ausflug zu den Pyramiden hab ich erst mal die Nase voll von Sehenswürdigkeiten. Ich bin zwar hier in Kairo, aber keiner wird mich dazu zwingen, Touristin zu spielen, verstaubte Sarkophage anzusehen und mich von arabischen Händlern begrapschen zu lassen.

»Diese Woche ist es schlecht«, sage ich. »Ich hab noch nicht mal alle Umzugskartons ausgepackt.«

»Malesh!«, ruft Youssef, der Junge mit den harten Fäusten.

Und sein Freund Rami sagt: »Die kannst du doch auch noch nächste Woche auspacken, Insha'Allah!«

Jetzt fangen die schon wieder mit ihrem Arabisch an! Und natürlich übersetzt kein Mensch für mich.

Aus den Augenwinkeln schiele ich hinüber zu ein paar deutschen Mädchen. Die beiden Neuen sind auch dabei. Alle sind ziemlich gestylt. Ein Mädchen in Designerklamotten sieht kurz zu mir rüber und verzieht spöttisch den Mund.

Die Clique kann ich gleich vergessen. Diese arroganten Tussis sind mir echt zu doof.

Und die Ägypter? Aus denen werde ich einfach nicht schlau. Sind die wirklich so freundlich oder wollen die mich bloß mobben?

Zu Hause riecht es komisch.

Papa streckt seine Nase in die Luft. »Aha, unsere Köchin hat schon angefangen. Da bin ich aber gespannt!«

»Köchin?«, frage ich. »Seit wann brauchen wir eine Köchin? Zu Hause habt ihr doch auch selber gekocht.«

Mama zuckt mit den Schultern. »Daran muss ich mich auch erst gewöhnen. Das Personal haben wir von unserem Vormieter übernommen. In Ägypten ist es ganz normal, dass man Haushaltshilfen hat. Und die Jobs sind hier total begehrt. Morgen kommen auch noch die Putzfrau, der Nachtwächter und der Gärtner. Ganz schön dekadent, was?«

»Und wie!«, sage ich.

Da fällt mir ein, dass Mama sicher bald wieder eine ihrer kreativen Phasen hat. Und dann vergisst sie sowieso alles: kochen, Wäsche waschen, putzen ...

Die Köchin bringt Fladenbrot, Reis und eine riesige Schüssel mit einer undefinierbaren, braunen Pampe. Ihr erhitztes Gesicht strahlt. »Fuul!«

»Was ist das?«, fragt Hanno.

»Gekochte braune Bohnen mit Zitronensaft, Sesamsoße, Gewürzen und Öl«, sagt Papa. »Schmeckt viel besser, als es klingt, ehrlich. Probiert mal!« Er nimmt sich ein Fladenbrot, reißt ein Stück davon ab und taucht damit wie mit einem Löffel in die Pampe ein. »Hmm, köstlich!«

Hanno und ich sehen uns skeptisch an.

Hanno probiert zuerst.

»Gar nicht schlecht, das Zeug.«

»Stimmt«, muss auch ich schließlich zugeben.

Trotzdem höre ich nach ein paar Bissen wieder auf. Bei der Hitze krieg ich einfach kaum was runter.

»Und, wie war's in der Schule?«, fragt Mama. »Habt ihr schon Freunde gefunden?«

Hanno grinst. »Mich interessieren eigentlich mehr die Freundinnen. Und da kann ich leider noch nichts zu sagen. Ach ja, ein paar Jungs haben vielleicht Lust, mit mir eine Band aufzumachen.«

»Toll«, sagt Papa.

Mama lässt nicht locker. »Und du, Chiara?«

Ich zucke mit den Schultern. »Keine Ahnung.«

Mamas Augen leuchten. »Hast du dich schon für eine AG angemeldet?«

»Was denn für eine AG?«, frage ich.

Mama legt ihre Serviette ab. »An unserer Schule gibt es über fünfzig Arbeitsgruppen: Musik, Kunst, Theater, Sport, einfach alles. Da kannst du freiwillig mitmachen. Steig doch bei der Theater-AG ein! Das macht dir bestimmt Spaß und du findest vielleicht schneller neue Freunde.«

Hanno grinst von einem Ohr zum anderen. »Klar, mach das, Schwesterchen!«

»Misch dich bloß nicht ein!«, fahre ich ihn an. Dann sage ich so ruhig wie möglich zu Mama: »Danke für den Tipp, aber ich entscheide mich lieber selber.«

»Ich hab's doch nur gut gemeint!«

Natürlich, sie meint es immer nur gut mit ihren bescheuerten Ratgeber-Ratschlägen. So gut, dass ich manchmal kotzen könnte.

»Chiara, bleib doch noch!«, sagt Papa.

Ich schüttele den Kopf. »Hausaufgaben!« Dass wir heute noch gar keine aufhaben, brauchen die beiden ja nicht zu wissen.

In meinem Zimmer schalte ich sofort meinen DVD-Player an und werfe mich aufs Bett. Jetzt brauche ich *Die fabelhafte Welt der Amélie*. Das schöne Gesicht von Audrey Tautou, ihre kleine Welt, das Café. Und dazu die französische Musik, das schmelzende Akkordeon, die schwingenden Walzer, ein bisschen fröhlich, ein bisschen melancholisch ... Ja, mach mich glücklich, Amélie!

Aber heute macht sie mich bloß traurig und wütend. Das war der erste Film, in dem Doro und ich zusammen im Kino waren! Hinterher haben wir uns bei McDonald's einen Colarausch angetrunken und beschlossen, Freundinnen zu werden.

Ich werfe den Computer an und gehe ins Mail-Programm.

HI, DORO!
Ich hasse Kairo!

Die Ägypter in meiner Klasse sind so scheißfreundlich, das kann einfach nicht echt sein. Heute haben sie mich dauernd mit Fragen gelöchert. Und hinter meinem Rücken tuscheln sie auf Arabisch, echt widerlich! Die deutschen Mädchen kannst du auch vergessen, lauter arrogante Tussis. Wie soll ich es hier bloß aushalten?

Schreib mir, sonst werde ich noch verrückt. Grüße an alle!

Cut!

Chiara

Ich vergrabe mein Gesicht in den Händen und warte. Heute ist Montag, da ist Doro nachmittags immer zu Hause. Ich warte und warte und warte. Aber es kommt keine Mail.

DORO, WO BIST DU?

Na klasse, von wegen, ihr vergesst mich nicht!

Dann eben nicht!

Ich schalte den Computer aus und bleibe am Schreibtisch sitzen. Trotz Hitze kriege ich auf einmal eine Gänsehaut. Ich fühle mich so allein!!! Total allein in einer Stadt mit über siebzehn Millionen Einwohnern.

Plötzlich klopft es an der Tür. »Jetzt nicht!«, rufe ich.

Trotzdem geht die Tür auf. Eine rundliche Frau mit Schürze und einem Eimer in der Hand steht in meinem Zimmer. »Ich hab die Ameisen im Griff!«

Bevor ich was sagen kann, läuft sie lächelnd auf mich zu, drückt mich an ihre volle Brust und verpasst mir drei feuchte Küsse auf jede Wange.

»Du bist Chiara, nicht wahr? Geht es dir gut, bist du gesund?«

Plötzlich schießen mir Tränen in die Augen. Ich reiße mich von der Frau los und renne aus meinem Zimmer. Unten im Wohnzimmer stoße ich mit meiner Mutter zusammen. Sie packt gerade ihre Sporttasche.

»Ah, gut, dass du kommst, Chiara. Wir müssen in den Sportclub, wegen der Anmeldung. Der Club ist nicht weit weg, nur ein paar Minuten mit dem Auto.«

»Und was ist mit Papa und Hanno?«, frage ich sie.

»Du kennst die beiden doch. Papa hasst Clubs und für Hanno ist Sport ein Fremdwort. Ich bin schon froh, wenn Papa ab und zu joggt. Und Hanno hat ja wenigstens in der Schule Sport.«

»Na toll! Vielleicht sollte ich mir ja auch mal solche Macken angewöhnen.«

Mama setzt ihr schönstes Lächeln auf. »Ach bitte, Chiara! Hol deinen Badeanzug und ein Handtuch, ja? Du kannst auch gleich das Schwimmbecken ausprobieren.«

»Ich geh ja schon.«

Als ich mit meiner Sporttasche zurückkomme, gucke ich kurz in Papas Zimmer, um Ciao zu sagen, aber sein Büro ist leer.

»Wo ist Papa?«

»Er ist mit der U-Bahn ins Zentrum gefahren, er will sich lieber das *echte* ägyptische Leben anschauen. Als ob es im Maadi-Club nicht genauso *echte* Ägypter gibt!«

Typisch Papa! Mich würden bei der Hitze keine zehn Kamele in die Innenstadt bringen. Obwohl Papa der Einzige ist, mit dem ich so was machen würde. In Spanien und Frankreich sind wir auch oft zu zweit losgezogen.

Der Club ist größer, als ich gedacht habe. Es gibt Tennisplätze, einen Reitplatz, eine große Aschenbahn, ein Fußballfeld, mehrere Hallen und einen Spielplatz. Auf dem Spielplatz haben sich zwei ägyptische Großfamilien mit jeder Menge Hausrat ausgebreitet und unterhalten sich lautstark. Lauter Kinder und Frauen mit langen, weiten Kleidern und Kopftüchern. Schade, dass ich meine Kamera nicht dabeihabe. Das wäre eine irre Szene, völlig abgedreht. Ansonsten ist das Gelände ziemlich leer. Nur von den Tennisplätzen wehen englische Wortfetzen herüber. Hört sich nach Amerikanern an.

Die Anmeldung ist schnell erledigt. Danach sehen wir uns ein bisschen um und entdecken auf der Terrasse ein Café. Ein paar deutsche Frauen sitzen um einen runden Tisch.

»Ich glaub, ich schwimm später«, sagt Mama. »Geh doch schon mal vor, Chiara!«

Und gerade hat sie sich noch damit gebrüstet, wie sportlich sie im Vergleich zu Hanno und Papa ist!

Ich sehe ihr nach, wie sie auf die Frauen zugeht und ein Gespräch anfängt. Besonders entspannt wirkt sie dabei aber nicht. Und mir erzählt sie was von offen sein, schnell Freunde finden … Blablabla!

Ich drehe ihr den Rücken zu und schlendere zu den beiden Schwimmbecken. Im kleinen Becken planschen und schreien ein paar deutsche Kinder, im großen schwimmen zwei Männer ihre Bahnen, die sich ab und zu etwas auf Englisch zurufen. Als ich sie beobachte, merke ich, wie verschwitzt ich schon wieder bin. Ich streife mein Kleid ab, den Badeanzug habe ich zu Hause gleich drunter gezogen.

Das Wasser ist herrlich klar und kühl. Ich tauche ab und schwimme eine Bahn am Boden des Beckens. Am liebsten würde ich ewig hier unten bleiben. Aber das geht natürlich nicht. Als ich wieder hochkomme, sehe ich die Mütter der ägyptischen Großfamilien in langen Kleidern und mit Kopftuch auf ihren Stühlen schmoren. Komisch, dass sie sich nicht auch erfrischen wollen!

Nach ein paar Bahnen habe ich genug, lege mein Handtuch auf einen Liegestuhl und strecke mich aus.

Doro, was machst du jetzt gerade? Bist du auch beim Schwimmen? Warum hast du dich nicht gemeldet, du blöde Kuh?

Wenn ich die Augen zusammenkneife, verwandelt sich das Wasser in einen glitzernden Regenbogen. Und wenn ich mir die Augen reibe, werden die Farben noch intensiver.

Szene Zwei; außen/Tag

Kairo/Deutsche Schule/Pausenhof

Arabische Hintergrundmusik. Chiara steht an der Mauer und starrt nach draußen auf die Straße. Fünf Sekunden Zoom auf ihr verzweifeltes Gesicht. Dann Schwenk zum Pausenhof. Lärmende Schüler. Schwenk zur Mauer. Dahinter rasende, wild hupende Autos. Zoom auf ein schwarzes Taxi. Aus dem Fenster weht eine Regenbogenfahne. Der Beifahrer beugt sich weit aus dem Fenster und winkt Chiara zu.

> Chiara:
> *(überrascht, tippt sich an die Brust)*
> *»Ich?«*

Der Beifahrer winkt noch heftiger und nickt. Das Taxi kommt immer näher. Chiara entdeckt auf der Fahne einen Schriftzug.

»Rainbow-Airs« steht darauf und darunter ihr Name, in schwarzen Großbuchstaben. Chiara zuckt zusammen, zögert und dreht sich um. Schwenk zu den Schülern, Halbtotale. Keiner beachtet Chiara. Chiara klettert die Mauer hoch und springt auf den Gehsteig. Der Beifahrer des Taxis öffnet die Hintertür. Chiara springt in den Wagen. Das Taxi braust davon.

CHIARA:
(atemlos)
Wo fahren wir hin?
DER TAXIFAHRER:
Big secret!
CHIARA:
Wer ist euer Auftraggeber?
DER TAXIFAHRER:
(bestimmt)
Big secret!!!

Die arabische Musik wird lauter. Chiara lehnt sich zurück.
Macro: Ihre Pupillen weiten sich vor Angst.
Cut.
Das Taxi hält vor dem Kairoer Flughafen. Der Beifahrer springt heraus und reißt die Hintertür auf. Chiara stolpert nach draußen. Schwenk, Totale: Der Eingang zum Terminal ist voller Polizisten. Schwenk zurück zum Taxi. Der Taxifahrer steigt ebenfalls aus. Beide Männer schieben Chiara energisch durch die Sicherheitsschleuse. Die Polizisten weichen lächelnd zurück. Chiara atmet heftig, ihre Brust hebt und senkt sich deutlich. Die arabische Musik setzt aus. Chiaras Herzklopfen als Takt und Hintergrundgeräusch der folgenden Sequenz. Zeitlupe: Chiara betritt den Terminal. Aus der Menge der Reisenden ragt eine

winkende Hand hervor. Die dazugehörige Person boxt sich mit den Ellbogen durch die Menge. Sie läuft auf Chiara zu.
Zoom auf Chiara, Macro: Ihre Augen ziehen sich zusammen, ihr Mund lächelt.
Zeitlupe Ende. Herzklopfen Ende. Deutsche Musik setzt ein (ein Lied von Herbert Grönemeyer).

CHIARA:
(mit zitternder Stimme)
Doro! Was machst du denn hier?
DORO:
Ich hol dich zurück nach Deutschland. Wir halten es einfach nicht aus ohne dich.
CHIARA:
(fällt Doro um den Hals, lacht)
Das wurde aber auch Zeit!

Wassertropfen spritzen auf meine Haut.
»Hey, was soll das?«
»Los, komm ins Wasser!«, ruft Mama.
»Nee, keine Lust.«
»Dann eben nicht«, sagt Mama und krault davon.

HI, CHIARA!
Sorry, dass ich nicht gleich gemailt hab. Bin total im Stress, morgen ist doch die blöde Physikarbeit. Was ist denn bei dir los? Bist du wirklich so mies drauf? So doof können deine neuen Mitschüler doch gar nicht sein. Du kennst sie ja erst einen Tag. Wart erst mal ab.

Der Film mit Heike Makatsch war übrigens gar nicht so toll. Du hast also nix verpasst.

Tausend Grüße von den Mädels und von mir!

Doro

Drück mir bloß die Daumen für morgen! ;-)

Und wer drückt mir die Daumen? Danke, Doro! Du hast mir echt geholfen! Du verstehst überhaupt nicht, was ich meine. Es geht hier nicht nur um ein paar neue Mitschüler. Ich bin in *Kairo* und hier ticken *alle* anders! Nichts ist wie in Deutschland. Das kannst du dir nicht vorstellen, oder? Interessiert es dich überhaupt oder denkst du eh nur an deine Physikarbeit und an deine eigenen Probleme? So nach dem Motto: Jetzt ist sie weg, jetzt soll sie gefälligst allein zurechtkommen! Okay, kannst du haben! Ich stelle mich einfach tot.

SCHEISSE!

Ich will, dass nur ein einziger Mensch auf dieser Welt auch mal mich versteht!!!

Kapitel 7

Am Donnerstag hält mich Frau Schweiger nach der letzten Stunde (diesmal ausnahmsweise schon um Viertel nach eins) zurück.

»Chiara, warte bitte einen Moment, ich muss mit dir reden.«

Als alle Mitschüler draußen sind, macht sie die Tür zu. Dann bietet sie mir einen Stuhl an und setzt sich mir gegenüber. So feierlich? Was kann das bedeuten? Hab ich was verbrochen? Ich prüfe kurz meine Klamotten: nein, kein Minirock, kein bauchfreies Shirt. Ich beachte die Kleidervorschriften schon aus reinem Selbstschutz. Wenn man als Frau in Kairo mit kurzen Sachen rumläuft, wird man nämlich sofort von Männern angequatscht. Und darauf habe ich echt keine Lust.

»Chiara, du hast dich bis jetzt noch bei keiner AG eingetragen. Darf ich dich fragen, warum?«

Das ist es also. Ich sehe ihr in die Augen. Sie erwidert ruhig meinen Blick und wirkt sogar echt interessiert. »Mir ist das alles zu viel, Kairo, die neue Schule und so«, sage ich.

Frau Schweiger nickt. »Kann ich gut nachvollziehen. Ich hab auch eine Zeit gebraucht, mich einzugewöhnen, als ich vor drei Jahren hierher kam. Weißt du, was mir damals am meisten geholfen hat? Ich hab mich in die Arbeit gestürzt und die Theatergruppe übernommen.«

Jetzt kapiere ich, worauf sie hinauswill. »Hat meine Mutter mit Ihnen geredet?«

»Nein, aber ich hab dich gestern in der Pause mit der Videokamera gesehen. Da hab ich mir gedacht, dass du dich doch bestimmt für Filme und Theater interessierst, oder? Und vielleicht hättest du ja Lust mitzumachen. Wir proben gleich in der Aula.«

Alle wollen was von mir. Alle wollen, dass ich funktioniere und keine Schwierigkeiten mache an dieser Schule, an der sich doch so viele Nationalitäten so wunderbar miteinander mischen und verstehen. Warum kann die Schweiger mich nicht einfach in Ruhe lassen?

Die Klassenlehrerin steht auf und klemmt sich ihre Tasche unter den Arm. »Ich geh dann mal. Ach ja, wir proben übrigens den *Besuch der alten Dame* von Dürrenmatt.«

Der Besuch der alten Dame ist eins meiner Lieblingsstücke. Papa hat es mir mal empfohlen, lange bevor wir es als Schullektüre durchgenommen haben. Es hat mich damals unglaublich fasziniert. Erst da hab ich begriffen, zu welch unmenschlichen Dingen Menschen fähig sein können, wenn nur die Versuchung und die Gier groß genug sind. Dieser Ill lässt seine schwangere Freundin Claire sitzen und treibt sie in die Prostitution. Jahrzehnte später muss er dafür büßen: Claire ist mittlerweile Milliardärin, kommt zurück und will Rache! Sie verspricht den Bürgern der verarmten Stadt zwei Milliarden, wenn sie Ill töten. Erst wehren sie sich dagegen, aber schließlich tun sie es.

Zögernd schnalle ich mir meinen Rucksack um. Und wenn ich doch kurz in der Aula vorbeigehe? Zusehen verpflichtet schließlich zu nichts, keiner kann mich zwingen, eine Rolle zu übernehmen.

Was ich der Schweiger nämlich nicht auf die Nase gebunden habe: Wenn ich vor mehreren Leuten schauspielern soll, krieg ich total Lampenfieber. Hinter der Kamera ist es überhaupt kein Problem, aber vor der Kamera fangen sofort meine Nerven an zu flattern.

In der riesigen Aula ist es dunkel, nur auf der Bühne brennt Licht. Frau Schweiger und ungefähr zwanzig Schüler sitzen im Kreis zusammen. Ein paar sind in meinem Alter, einige scheinen schon älter zu sein. Auch Dina ist dabei. Sie winkt mir zu.

»Hey, toll, dass du mitmachst!«

Ich will gerade protestieren, da klatscht Frau Schweiger in die Hände. »Lasst uns anfangen! Ich hab euch ja schon erzählt, was wir dieses Jahr aufführen werden. Wie immer ist es nicht das Originalstück, sondern eine Bearbeitung.«

»Und die ist wie immer von Ihnen!«, ruft Youssef dazwischen. Der Idiot hat mir gerade noch gefehlt!

»Genau«, sagt Frau Schweiger. »Ich hab das Stück gekürzt und auf ägyptische Verhältnisse zugeschnitten. Statt in Güllen spielt die Geschichte in Tanta!«

Alle grölen los und Frau Schweiger lacht mit.

Dina beugt sich zu mir rüber. »Tanta ist ein Kaff im Nildelta. Keiner würde freiwillig dort wohnen wollen.«

Jetzt muss ich auch grinsen. Der Transfer ist wirklich gut.

»Ich schlage vor, wir besetzen erst mal die Hauptrollen«, sagt Frau Schweiger. »Das sind Claire, die mehrfache Milliardärin, und Ill, ihr ehemaliger Geliebter. Ich hab euch zwei Szenen kopiert. Die könnt ihr mitnehmen und das nächste Mal machen wir dann ein Vorsprechen.«

Sofort umlagern alle Frau Schweiger und reißen ihr die Blätter aus der Hand. Am Schluss hat die Klassenlehrerin noch eine Kopie übrig.

»Chiara, willst du sie mitnehmen?«

Ich zucke mit den Schultern. »Okay.«

Frau Schweiger gibt mir lächelnd die Kopie. »Chiara ... warte mal. Hat der Name nicht denselben Ursprung wie Claire? Ich glaube, beide Namen kommen von Klara. Und der Name bedeutet doch ungefähr so etwas wie ...«

»... berühmt, leuchtend, hell«, sage ich und nicke.

Alle sehen mich neugierig an.

»Chiara, die berühmte Regisseurin!«, ruft Dina.

Geht das schon wieder los? »Hör auf!«, sage ich. »Es ist bloß ein Hobby.«

»Egal«, sagt Youssef. »Wär doch witzig, wenn du die Hauptrolle spielen würdest.«

Rami boxt ihm in die Rippen. »Ja, genau, und du spielst den Ill!«

Ich würde am liebsten in einem dunklen Sarkophag verschwinden.

Da sagt Frau Schweiger: »Legt bitte die Kopien weg! Heute wird sowieso noch nichts entschieden. Wir machen nämlich ganz was anderes: ein paar Improvisationsübungen zum Aufwärmen. Los, steht alle auf und verteilt euch möglichst gleichmäßig auf der Bühne.«

Improvisationsübungen? Das hat mir gerade noch gefehlt!

*

Am nächsten Morgen werde ich nicht vom Wecker, sondern von der Sonne wach und muss mich erst mal orientieren. Ach so, heute ist Freitag. Schulfrei! Das ist auch so eine Gemeinheit hier: Man hat nicht mal ein richtiges Wochenende zum Ausspannen, sondern stattdessen den Freitag und den Sonntag frei. Und das nennt sich Deutsche Evangelische Oberschule! Dabei sind ungefähr achtzig Prozent der Schüler Ägypter und davon fast alle Muslime. Und die müssen natürlich am Freitag zum

Gebet, Insha'Allah! Inzwischen hab ich herausgefunden, was der Ausdruck bedeutet: So Gott will! Die Ägypter verwenden ihn für alle Pläne in der Zukunft, weil der Mensch zwar planen kann, aber schließlich doch alles in Gottes Hand liegt.

Und was mache ich heute, Insha'Allah?

Es klopft an der Tür.

Papa steckt den Kopf herein. »Guten Morgen, Langschläferin!«

»Morgen!«

Papa zieht die Vorhänge zurück. »Unten wartet schon das Frühstück. Eigentlich ist es mehr ein Brunch. Mama hat ein paar Frauen aus dem Club eingeladen.«

Zum Frühstück? Ich fass es nicht! »Sie hätte uns wenigstens vorher fragen können!«

Papa zuckt mit den Schultern. »Sei doch nicht so empfindlich.«

»Und was ist mit dir?«, frage ich. »Freust du dich etwa auf die Tanten?«

Papa lächelt. »Ich hab *leider* nur kurz hallo sagen können. Ich muss nämlich gleich los. Heute treffe ich mich mit einem ägyptischen Plakatmaler. Den will ich interviewen.«

»Wie schön für dich! Na dann, viel Spaß!«

»Nächste Woche ziehen wir mal zusammen los, nur wir beide. Versprochen!«

Papa streckt die Hand aus, um meine Wange zu streicheln, aber ich weiche ihm aus. Auf sein Mitleid kann ich echt verzichten.

Als Papa draußen ist, werfe ich mir meinen Bademantel über und gehe ins Bad. Unten höre ich die Club-Tanten lachen. Hannos Tür ist noch zu. Gestern war er das erste Mal nachts unterwegs, auf einer Tour durch die Kaffeehäuser von Downtown.

Ich wünschte, ich wäre auch so simpel gestrickt wie mein Bruder.

Unter der Dusche beschließe ich, heute genauso egoistisch zu sein wie meine Umwelt. Ich ziehe einfach alleine los! Frühstücken kann ich auch unterwegs und dann muss ich mir wenigstens nicht das blöde Gequatsche der Tanten da unten anhören.

Leider erwischen sie mich, als ich gerade an der Küche vorbeischleichen will.

»Komm doch kurz rein«, sagt Mama.

Vier Frauen mustern mich von Kopf bis Fuß. Das kann ich auch! Ich mustere sie genauso eingehend. O Mann, die sind alle schon am Morgen perfekt gestylt und geschminkt! Mama mit ihren Ökoklamotten fällt da richtig ab dagegen.

»Na, wie findest du Kairo, Chiara?«, fragt eine Frau im rosa Kostüm.

»Hast du dich schon ein bisschen eingelebt?«, fragt eine andere.

Ich verschränke die Arme vor der Brust. »Läuft alles bestens. Und wie geht es Ihnen so?«

»Danke, sehr gut«, sagt die dritte Frau. »Wir wollen heute noch ein bisschen golfen und dann ins Hilton, zum Fünfuhrtee. Leider will deine Mutter nicht mitkommen. Kannst du sie nicht überreden?«

Mamas genervter Blick bedeutet eindeutig: Nein! Kein Wunder, sie hasst Golfen und diesen ganzen Hausfrauen-Schickimickikram.

»Mach das doch, Mama!«, sage ich. »Wenn dich die Damen schon so nett einladen.«

Und dann haue ich lieber ab, bevor sie mir noch eine Leinwand an den Kopf werfen kann.

Geschafft! Ich bin frei, das erste Mal seit Tagen. Und allein mit meiner Videokamera. Heute hab ich sogar wieder ein bisschen Lust zu filmen.

Einen Stadtplan brauche ich in Maadi zum Glück nicht. Ich laufe unsere Seitenstraße hoch und biege in die Allee ein. Von dort komme ich direkt zum großen Kreisel und zur Shopping-Mall. An der sind wir bis jetzt immer nur mit dem Auto vorbeigefahren. Eine Shopping-Mall, das klingt nicht schlecht. Bestimmt gibt es da auch ein nettes Café.

Von außen sieht die Mall ziemlich hässlich aus: ein hellbrauner Betonklotz mit dunkelbraun getönten Fenstern. Innen ist die Mall auch nicht viel schöner, aber angenehm kühl wegen der Klimaanlage. Ich glaube, in Zukunft gehe ich nur noch in Shopping-Malls, um der Hitze zu entkommen.

Im Atrium, einer länglichen, spitz zulaufenden Freifläche in der Mitte, über der sich die Shopping-Arkaden auftürmen, ist tatsächlich ein Café. Ich lasse mich auf einen Stuhl fallen und merke erst jetzt, wie müde ich bin. Die erste Schulwoche kommt mir vor wie ein ganzer Monat.

»Do you like something to drink?« Eine freundliche Bedienung beugt sich über meine Schulter.

Ich nehme einen Orangensaft und ein Sandwich. Eine Minute später bringt die Bedienung das Sandwich und einen frisch gepressten Saft mit einem extra Glas Wasser. Der Saft schmeckt herrlich und kostet sogar weniger als ein normaler Flaschen-O-Saft zu Hause.

Danach fahre ich mit dem Aufzug in den obersten Stock und starte die Kamera. Da gibt es ein kleines Kinderkarussell (!) und ein Kino. Es läuft sogar gerade ein Film mit Brad Pitt. Auf den steht Doro.

Nein! Ich will jetzt gar nicht an sie denken.

Ziellos laufe ich weiter, von Etage zu Etage und langsam abwärts, an kitschigen Billigläden und einer Unmenge von Schuhgeschäften vorbei. Boutiquen sind Mangelware und wenn, dann sehen die Kleider wie formlose Säcke aus und das passende Kopftuch gibt es auch gleich dazu.

»Suchst du was Bestimmtes?«, fragt plötzlich jemand neben mir.

Ausgerechnet Meike, die Obertussi der deutschen Clique, muss ich hier treffen!

»Nein, ich schau mich nur ein bisschen um«, antworte ich, stoppe die Kamera und verstaue sie in meinem Rucksack.

Meike guckt mir dabei neugierig zu, sagt aber nichts. Stattdessen holt sie einen Spiegel aus der Tasche und überprüft ihr Make-up. Umständlich klappt sie den Spiegel wieder zu und mustert meine Kurzhaarfrisur. »Wenn du Haargummis und Spangen suchst, die sind hier total billig.«

»Oh, danke für den Tipp«, sage ich und tue so, als würde ich nicht merken, dass sie sich über mich lustig macht.

»Gern geschehen«, sagt Meike. »Wir Deutschen müssen doch zusammenhalten, findest du nicht auch?«

Sie will mich provozieren und wartet nur darauf, dass ich um ihre Freundschaft bettele. Aber da kann sie lange warten.

In dem Moment macht jemand hinter uns: »Psst!«

Verwundert drehe ich mich um. Meike will mich weiterziehen, aber da hat uns der »Psst!«-Rufer schon überholt. Es ist ein junger, ungefähr zwanzig Jahre alter Ägypter.

»Hey, girls, you're so sweet like honey. Where do you come from?«

»From Germany«, antworte ich.

»Bist du blöd«, murmelt Meike. »Jetzt kriegen wir den nicht mehr los.«

Der Typ lächelt breit und betrachtet Meike genüsslich von oben bis unten. Sie trägt ein knappes Top und einen für ägyptische Verhältnisse ziemlich kurzen Rock. Von wegen ich bin blöd: Der Typ ist doch garantiert nur wegen ihrem Outfit auf uns angesprungen!

»Eh da!«, ruft Meike.

Der Typ wendet sich von ihr ab und fährt mir plötzlich durch die Haare.

»Oh, why so short? Look! My hair is much longer than yours!«

Ich schüttele seine Hand ab. »Stop that! No!«

»You're so beautiful«, sagt der Typ und rückt mir noch näher auf die Pelle. Dabei lässt er einen Schwall arabischer Worte los, die ich nicht verstehe.

Meike drängt sich zwischen uns. »Fi muschkila?«

Der Typ lächelt weiter und kommt schon wieder näher.

»Anta malak!«, brüllt Meike ihm ins Gesicht.

Endlich weicht der Typ zurück. Er läuft zwar erst noch hinter uns her, aber nach ein paar Metern gibt er auf.

Meine Herz klopft wie verrückt. »Danke!«, sage ich zu Meike.

Sie tippt sich mit der Hand an die Stirn. »Du darfst nie reagieren, wenn dich einer anmacht. Geh einfach weiter, als ob nichts wäre.«

»Alles klar. Was hast du da eigentlich zu dem Typen gesagt? War das Arabisch?«

Meike muss lachen. »Klar, das kannst du dir auch gleich merken.« Ihre Stimme wird wieder lauter, als sie die arabischen Wörter wiederholt und übersetzt: »Was ist? Gibt's ein Problem? Kümmer dich um deine eigenen Sachen!«

»Klingt gut«, sage ich.

Meike guckt auf ihre Armbanduhr. »Shit! Ich muss los, hab gleich ein Date.«

»Viel Spaß!«, wünsche ich ihr.

Endlich ist die Tussi weg!

Als ich nach Hause komme, sind die Club-Tanten ebenfalls weg. Und Mama lässt sich zum Glück nicht blicken. Ob sie doch mit zum Golfen gefahren ist?

Hanno lümmelt mit drei ägyptischen Jungs auf dem Sofa herum. Das sind bestimmt die Typen, mit denen er eine Band gründen will.

Ein Junge entdeckt mich und stupst die anderen an. Sofort springen alle drei hoch und lächeln verlegen.

»Regt euch ab«, sagt Hanno. »Das ist nur meine kleine Schwester Chiara.«

»Hallo, Chiara!«, sagt der eine Junge freundlich.

Der andere nickt nur und tritt von einem Bein aufs andere.

»Wir wollten sowieso gerade gehen«, sagt der dritte.

Hanno hält sie zurück. »Hey, das könnt ihr nicht machen. Ihr seid doch gerade erst gekommen!«

Da gibt sich der erste Junge einen Ruck und geht auf mich zu. »Ich bin Selim und das da sind Hazem und Achmed. Wir gehen alle mit Hanno in eine Klasse.«

Ich nicke.

Selim lächelt. Er hat dunkelbraune Augen und noch dunklere Haare, die leicht gelockt sind und eng am Kopf anliegen. Er sieht nett aus und schon viel erwachsener als seine zwei Freunde.

»Ich wünsche dir einen rosigen Nachmittag«, sagt Selim plötzlich zu mir. »Hoffentlich wird es ein schöner Nachmittag für dich.«

Seine Worte klingen wie aus *Tausendundeiner Nacht.* Verblüfft starre ich ihn an.

Selims Freunde kichern. Selim dreht sich wieder zu ihnen um.

»Wollt ihr mit mir in den Keller kommen?«, fragt Hanno. »Ich zeig euch mein Schlagzeug.«

»Nein, danke«, sagt Achmed. »Wir müssen wirklich nach Hause.«

Die drei verabschieden sich höflich und gehen. Immer noch verwirrt, sehe ich ihnen nach.

Als sie weg sind, wirft sich Hanno aufs Sofa und lacht.

»Bild dir bloß nichts drauf ein. Das war eine ganz normale Begrüßung von Selim. Ägypter reden gern so blumig daher.«

»Ich bilde mir überhaupt nichts ein«, sage ich. Nach der Anmache in der Shopping-Mall hab ich die Nase erst mal voll von ägyptischen Männern.

Hanno holt aus dem Kühlschrank zwei Colas und hält mir eine davon hin. »Ich hoffe, du läufst nicht auch gleich wieder weg.«

»Nö«, sage ich. »Ich glaube, ich bleib erst mal hier.«

»Mit Mädchen haben die ägyptischen Jungs echt ein Problem«, sagt Hanno.

»Manche überhaupt nicht«, sage ich und erzähle ihm von dem Typen in der Shopping-Mall.

Hanno pfeift durch die Zähne. »Das ist ja krass. Da bin ich doch mal wieder froh, dass ich kein Mädchen bin!«

Mir fällt das hübsche Kopftuch-Mädchen ein, das wir am ersten Tag vor der Schule gesehen haben. »Und was ist mit den ägyptischen Mädchen?«, frage ich Hanno.

»Die sind noch schlimmer«, antwortet er. »Das Mädchen mit dem Kopftuch hat mich voll abblitzen lassen. Ich kam mir vor, als hätte ich sie ins Bett zerren wollen. Dabei hab ich sie nur in der Pause auf einen Tee eingeladen.«

Ich verkneife mir ein Grinsen. Das ist ja mal was ganz Neues, dass Hanno nicht bei einem Mädchen landen kann. »Und, gibst du auf?«

Hanno zuckt mit den Schultern. »Weiß noch nicht. Vielleicht versuche ich, über ihre Freundin an sie ranzukommen.« Er wirft mir einen Blick zu und lächelt plötzlich vielsagend.

Ich winke sofort ab. »Du meinst, ich soll dir helfen? Vergiss es! Wer weiß, was die für Eltern hat, irgendwelche konservativen, religiösen Spinner oder so, die mich dann verfolgen. Nee, danke!«

»Dann halt nicht«, sagt Hanno und steht auf. »Ich spiel jetzt Schlagzeug.«

Typisch! Wenn ich ihm nichts nütze, bin ich sofort wieder die lästige kleine Schwester, die er loswerden will. Aber ich kann genauso gut auf ihn verzichten!

Ich laufe hoch in mein Zimmer und schalte den Computer an. Seit Tagen habe ich nicht mehr in meine Mailbox geschaut, extra, um Doro schmoren zu lassen.

Sie hat inzwischen drei Mails geschickt, lauter oberflächliches Blabla. In der letzten steht:

HI, CHIARA,
wo steckst du? Gab es ein Erdbeben in Kairo? Oder hast du die große Liebe deines Lebens gefunden? Das Erdbeben hätten sie im Fernsehen gebracht, also muss es die große Liebe sein. Lass mich raten! Es ist ein attraktiver ägyptischer Schauspieler aus einer beliebten Soap und du hast ihn bei einem Casting kennen gelernt.

Spann mich nicht so auf die Folter. Melde dich!

In der Physikarbeit hätte ich übrigens total versagt, aber die Mädels haben mich abschreiben lassen. Eine nach der anderen ist aufs Klo gegangen und dem Brand ist nicht mal was aufgefallen. Wir haben alle 'ne Zwei gekriegt. Ist das nicht der größte Witz des Jahres?

Grüße von mir und den Mädels!

Doro

Doro macht mich noch wahnsinnig. Sie kapiert null, was hier abgeht. Ja, es gab ein Erdbeben, aber nicht in Kairo, sondern in mir drin. Seit ich hier bin, stürzt einfach alles ein, mein ganzes Leben.

Und du kannst es also nicht ertragen, dass es mir schlecht geht, Doro. Ja, klar, aber nur, weil du dich dann mit meinen Problemen auseinander setzen musst und dabei vielleicht deine eigene scheißgute Laune verlierst. Hauptsache, dir geht's gut, oder, Doro? Warum ist mir das früher nie aufgefallen?

Okay, ich gebe dir das, was du hören willst.

HI, DORO!

Mir geht's gut. Ich kann dir gern einen Ägypter vermitteln, der ständig hinter dir herläuft und dich mit blöden Sprüchen anmacht. Mein Bedarf in der Hinsicht ist gedeckt.

Wir haben hier fast den ganzen Tag Schule. Also wundere dich nicht, wenn ich mich mal ein paar Tage nicht melde.

Gratuliere zur Zwei in Physik! Unsere Cliquen-Tricks waren schon immer gut.

Bis dann. Cut!

Chiara

Kapitel 5

Ich schwanke schon die ganze Zeit, ob ich aus der Theater-AG wieder aussteigen oder doch drin bleiben soll. Klar interessiert mich das Stück, aber wenn erst mal mein Lampenfieber anfängt, mach ich mich total lächerlich. Und darauf hab ich absolut keinen Bock. Doch anscheinend hat sich Allah gegen mich verschworen ...

Dina hakt sich am Donnerstag nach der letzten Stunde einfach bei mir unter. »Lass mich jetzt nicht allein, Chiara! Ich sterbe vor Aufregung. Weißt du, ich spiel wahnsinnig gern Theater, aber das Vorsprechen bringt mich jedes Mal fast um.«

Aufgeregt? Ausgerechnet die extrovertierte Dina? Das nehme ich ihr nicht ab. Wetten, das ist nur ein Vorwand, um herauszufinden, wo meine Schwächen sind?

Dina labert inzwischen weiter und führt mich, ohne meinen Arm auch nur für eine Sekunde loszulassen, zielstrebig zur Aula. Dort trudeln nach und nach auch die anderen ein.

Frau Schweiger testet gerade die Scheinwerfer. Sie versucht, zwei davon zu isolieren, bis deren grelle Schlaglichter die Bühne in einen Gerichtssaal verwandeln. Eins weiß ich ganz genau: Ich werde mich auf keinen Fall als Angeklagte unter so einen Scheinwerfer stellen!

Leider hat Frau Schweiger die Technik schnell im Griff. Sie trommelt alle zusammen. Nur Youssef und Rami fehlen.

»Hat jemand die beiden gesehen?«, fragt Frau Schweiger.

Die Antwort ist Kichern und Kopfschütteln. In dem Moment schlendern Youssef und Rami zur Tür herein.

»Beeilt euch!«, sagt Frau Schweiger. »Und kommt das nächste Mal pünktlich. Ich hab keine Lust, ständig auf Nachzügler zu warten, so wie letztes Schuljahr.«

»Ja, ja!«, sagen ein paar, aber ihren Gesichtern sieht man an, dass sie gar nicht richtig zuhören.

Frau Schweiger macht nur ein paar kurze Aufwärmübungen. Dann holt sie ihre Blätter heraus. »Jetzt bin ich schon sehr gespannt auf eure Szenen. Ihr könnt den Text gerne ablesen oder frei improvisieren, ganz, wie ihr wollt. Also, wer möchte anfangen?«

Sofort meldet sich Katharina, die blonde Neue. Sie hat sich sorgfältig gestylt und betritt die Bühne wie ein gelangweiltes Model den Laufsteg.

»Danke, Katharina!«, sagt Frau Schweiger. »Und wer übernimmt den Ill?«

Gleich drei ägyptische Jungs drängeln sich vor. Klar, die stehen natürlich alle auf exotisches Blond!

Frau Schweiger wählt Rami aus. Mit rotem Kopf geht er auf die Bühne.

Katharina und Rami verständigen sich auf die Probeszene im ersten Akt, wo sich Claire, die Milliardärin, und Ill, ihr ehemaliger Gelieber, zum ersten Mal wieder sehen.

Rami begrüßt Katharina so übertrieben begeistert, als wären die beiden immer noch ein Liebespaar.

»Es war wunderbar, all die Tage, an denen wir zusammen waren«, antwortet Katharina. Ihre Stimme klingt eher nach Eisschrank.

Rami ist so verwirrt, dass er sich beim Rest der Szene ständig verhaspelt. Katharina dagegen bleibt kühl und perfekt. Ein bisschen zu perfekt für meinen Geschmack. Claire hat sich zwar unter Kontrolle, aber in ihr drin brodeln doch Liebe und Hass, das muss man ganz anders spielen!

Der Applaus ist mäßig.

Das zweite Paar – Dina und Youssef – albert die ganze Zeit auf der Bühne herum. Beide lachen so viel, dass man den Text kaum verstehen kann.

Trotzdem kriegen sie viel mehr Applaus als Rami und Katharina, wahrscheinlich, weil Dina und Youssef eben ziemlich beliebt in der Klasse sind.

Beim dritten Paar bleibt mir die Luft weg. Nour, ein kleiner Typ aus der elften Klasse, ist mir bis jetzt gar nicht aufgefallen, aber auf der Bühne geht er plötzlich voll aus sich heraus und spielt den Ill total echt, wie er zwischen Unsicherheit, schlechtem Gewissen, Erleichterung und Selbstüberschätzung schwankt. Und Yasmin, seine Partnerin aus einer meiner Parallelklassen, hat eine unglaubliche körperliche Präsenz, obwohl sie den Text sehr frei improvisiert.

Nach der Szene liegt knisternde Spannung in der Luft. Und dann bricht die Begeisterung los. Ich klatsche, so laut ich kann, und dabei fallen mir mindestens ein Dutzend Steine vom Herzen. Jetzt ist die Entscheidung sowieso klar und ich brauche mich nicht mehr zu blamieren.

Als Nour und Yasmin sich wieder in den Zuschauerraum verziehen, dreht sich Frau Schweiger zum Rest der Gruppe um. »Also, es geht weiter!«

Weiter? Wieso das denn?

Frau Schweiger sieht mein entsetztes Gesicht und erklärt ganz ruhig: »Ja, ich möchte jeden auf der Bühne sehen. Auch die, die keine Hauptrolle übernehmen wollen.«

Nein, ich will nicht!!!

Da gibt mir Dina einen Schubs. Mein Oberkörper sackt nach vorne.

Das versteht die Schweiger leider völlig falsch. »Ah, Chiara, wie schön!«

Die anderen klatschen. Mir bleibt also nichts anderes übrig. Mit dem Zettel in der Hand stolpere ich auf die Bühne. Daniel, ein dicker, unattraktiver Junge aus der Parallelklasse, folgt mir. Na klar, zusammen sind wir das absolute Dreamteam!

Meine Hände kleben und im heißen Schweinwerferlicht wird es noch schlimmer. Ich starre auf das Papier. Die Buchstaben tanzen vor meinen Augen.

»Dir zuliebe habe ich Mona geheiratet«, fängt Daniel mit monotoner Stimme an.

Wo steht die Zeile bloß? Ich kann sie nicht finden!

Daniel wiederholt seinen Satz, extra langsam und offenbar total gelangweilt.

Ein paar Schüler kichern, andere reden halblaut auf Arabisch.

Sie machen sich schon wieder über mich lustig!

Endlich hab ich die Anschlusszeile gefunden. Ich schlucke. Trotzdem hört sich meine Stimme an, als hätte ich eine Hand voll Wüstenstaub geschluckt.

»Sie hatte Geld«, presse ich heraus.

Jetzt fahre ich mit meinem Finger die Zeilen entlang, damit ich nicht noch mal ins Schwimmen komme.

Die nächsten Zeilen lese ich einfach ab, so schnell ich kann.

Dann sagt Daniel: »Ich lebe in einer Hölle, seit du mich verlassen hast.«

Plötzlich muss ich an Doro denken und an die Mädels. Ja, verdammt, sie haben mich im Stich gelassen! Zwei Wochen haben gereicht und ihre tolle Freundschaft hat sich in Luft aufgelöst. Mein Herz krampft sich zusammen und auf einmal bin ich nur noch wütend, wahnsinnig wütend.

Und diese ganze Wut lege ich in die nächste Zeile. »Und ich bin die Hölle geworden!«

Daniel sieht mich erschrocken an. Auf einmal ist seine träge Ruhe dahin. Die nächsten Zeilen trägt er leise und gehetzt vor.

Nach meinem Schlusssatz ist es still. Zitternd lasse ich mein Blatt sinken und blinzele ins Scheinwerferlicht. Ja, ich weiß, mein Gestammel war schrecklich und unterirdisch. Aber wenn doch wenigstens einer klatschen würde – nur ein Einziger!

Und dann kommt der Applaus, nicht laut, nicht wahnsinnig begeistert, aber er hält zum Glück so lange an, bis ich wieder auf meinem Platz sitze.

»Du hast ein gutes Gespür für Emotionen, Chiara«, sagt Frau Schweiger. »Daran solltest du arbeiten.«

Ich nicke, damit sie mich in Ruhe lässt.

Der Rest der Probe rauscht wie ein Film im schnellen Vorlauf an mir vorbei. Nachdem alle dran waren, lässt Frau Schweiger abstimmen und natürlich bekommen Nour und Yasmin die Hauptrollen. Dass sie mich einfach auf die Bühne geworfen hat, nehme ich der Schweiger echt übel. Das war wirklich unglaublich sensibel und verständnisvoll von ihr!

*

Papa löst sein Versprechen überraschend schnell ein. Eine Woche nach unserem Freitagmorgengespräch packt er zwei große Wasserflaschen in seinen Rucksack und nickt mir zu.

»Bist du bereit für einen Überraschungstag in Kairo?«

Eigentlich würde ich mich lieber an meinem freien Freitag in mein Zimmer verziehen und DVDs oder eigene Filme angucken, aber dann vergehen bestimmt Wochen, bis Papa wieder Zeit hat. Ich sage also okay und suche schnell meine Sachen zusammen. Erst an der U-Bahn-Station merke ich, dass ich vor lauter Hektik meine Kamera vergessen habe. Shit!

Wir nehmen die U-Bahn von Maadi ins Zentrum. Die Fahrt ist wesentlich angenehmer als die nervige Kurverei mit dem Auto und durch die offenen Fenster strömt sogar halbwegs frische Luft. In unserem Wagen sitzen überwiegend Frauen, die uns neugierig mustern. Ich komme mir vor wie ein Affe im Zoo.

Papa kümmert sich im Gegensatz zu mir überhaupt nicht um die Blicke. Er redet drauflos und erzählt von seinen Eindrücken der letzten Woche: vom Plakatmaler, vom Zitronenmarkt, den Moscheen, den arabischen Häusern mit den Maschrabijen, diesen praktischen Fenstergittern, durch die die heiße Luft zirkulieren kann, und von der Corniche, der berühmten Promenade am Nil. Ich höre ihm nur mit halbem Ohr zu und betrachte dabei sein Gesicht. Wie seine Augen glänzen, wie sein Mund lächelt! Wie er alles wegblendet, den Staub, den Lärm, die Hitze, und einfach nur genießt: die ägyptische Kultur, das Essen, die Sprache, die Menschen. Je fremder und exotischer die Dinge sind, umso mehr scheint er sie zu lieben. Bei mir ist es genau umgekehrt.

Während ich ihn beobachte, kriecht plötzlich Traurigkeit in mir hoch. Warum begeistert er sich immer so für andere Menschen, für Dinge, die meilenweit weg sind? Warum für Ägypten und nicht für Deutschland? Warum für einen bescheuerten Plakatmaler und nicht für mich?

Ja, warum nicht einmal auch für *mich*???

Auf einmal spüre ich, wie fremd er mir ist, trotz seiner Leidenschaft. Ich komme nicht an ihn ran, da ist eine riesengroße Mauer mit massiven Steinen und keinem einzigen Fenster, geschweige denn Maschrabijen!

Ich unterbreche seinen Redeschwall. »Wo fahren wir eigentlich hin?«

»Das verrate ich nicht«, sagt Papa. »Überraschung!«

»Klar.«

Papa denkt immer noch, ich bin ein Kind, das man mit einem Luftballon glücklich machen kann. Aber ich will ihm die Freude auch nicht verderben. Immerhin sind wir heute endlich mal wieder allein unterwegs.

»Aussteigen!«, sagt er plötzlich. Und ab da ist es mit der Ruhe vorbei.

Wir wälzen uns mit den Massen zur Rolltreppe und zu den Schranken am Ausgang. Fremde, warme Körper kleben an meinem T-Shirt, Parfümwolken nebeln mich ein, arabische Wortfetzen voller harter »Ch«-Laute dröhnen in meinem Ohr. Warum hab ich mir das nur angetan?

Ich möchte mich an den Menschen vorbeidrängen. Aber sie lassen keine Lücke zwischen ihren Körpern und gehen extra langsam. Keiner scheint es eilig zu haben, keiner ist gestresst. Wie machen die das bloß?

Papa zieht mich zu einem Seitenausgang. Die Rolltreppe spuckt uns auf einen riesigen, staubigen Platz. Heute verschwindet Kairo mal wieder unter einer Dunstglocke aus Smog und Wüstensand. Ich setze meine Sonnenbrille auf, damit mir keine Staubkörner in die Augen fliegen. Ohropax habe ich leider keine dabei.

Auf diesem Platz scheinen sämtliche Autos von Kairo zusammenzustoßen.

»Wir müssen da rüber«, sagt Papa. Er zeigt auf ein weinrotes Gebäude weit hinter der Blechlawine.

Das meint er nicht ernst, oder? Es gibt zwar einen Zebrastreifen, aber die Autofahrer ignorieren ihn einfach.

»Schnell!«, ruft Papa und sprintet los.

Ich hechte ihm hinterher. Wir schaffen es gerade mal bis zur Mitte. Vor und hinter uns brausen die Autos vorbei. Endlich gibt es eine kleine Lücke und wir rennen wieder los. Reifen quietschen, ein Auto bremst wenige Zentimeter vor uns ab. Mein Herz hämmert los wie wild. Aber irgendwann sind wir endlich drüben und haben es wie durch ein Wunder überlebt.

Papa sieht mich an und lacht. Mir ist das Lachen längst vergangen.

»Gleich können wir wieder durchatmen«, sagt er. »Wir machen nämlich eine Zeitreise, fünftausend Jahre zurück, und da gab es zum Glück noch keine Autos.«

Das große weinrote Gebäude hab ich schon mal in einem Reiseführer gesehen. Am Eingang fällt es mir wieder ein: natürlich, das Ägyptische Museum! Da wollte mich doch Laila hinschleppen. Und ich dachte, Papa zeigt mir *das andere Kairo*!

Im Museum wimmelt es nur so von Touristen und großen Reisegruppen, die wie Schäfchen hinter ihrem Führer hertrotten.

Papa zieht mich in einen Seitenflügel, weg vom großen Touristenstrom.

»Das ist meine Lieblingsecke. Hier sind lauter kleine Figuren aus dem Alltag im Alten Ägypten: einfache Bauern oder Frauen, die Brot backen.«

Ich gucke in die Vitrinen hinein. Die grob gearbeiteten Figuren sind wirklich ganz witzig. Eine Frau hat die Hände in einem großen Bottich und braut Bier. Ihr Blick geht in die Ferne, traurig und resigniert. Woran sie wohl denkt? An ihr armseliges Leben, das man ihr aufgezwungen hat? An die mühsame Arbeit, tagaus, tagein, und dass sie nie frei sein wird, bis zu ihrem Tod nicht?

Ich muss wenigstens nur warten, bis ich achtzehn bin …

»Ich glaube, jetzt ist es oben ein bisschen leerer geworden«, sagt Papa. »Komm, ich zeig dir die Schätze aus dem Grab von Tutanchamun.«

Wieder geht es mir so wie bei den Pyramiden. Auf Fotos und in Filmen wirken die Totenmaske und die Sarkophaghüllen immer unglaublich prunkvoll. Als ich jetzt vor der Maske stehe, in diesem stickigen kleinen Raum mit dem diffusen Licht, kommt sie mir klein und unscheinbar vor. Und bei den Sarghüllen in Mumienform denke ich nur, wie viele Fesseln dieser arme König um sich herum hatte.

Papa kann sich gar nicht satt sehen an den vielen Grabbeigaben. Besonders bei den gruseligen Kanopen, den Gefäßen für die Innereien, bleibt er lange stehen. Und während wir von einer Vitrine zur nächsten wandern, überschwemmt er mich mit Geschichte, erzählt vom Alten, Mittleren und Neuen Reich, von den Pharaonen und vom Totenkult.

Nach einer Stunde schwirrt mir der Kopf. »Lass uns gehen, mir ist schon ganz schwindelig.«

Papa grinst. »Entschuldige, es ist einfach mit mir durchgegangen!«

»Und jetzt?«, frage ich.

»Kommt das lebendige alte Kairo«, sagt Papa.

Beim Wort »lebendig« werde ich sofort stutzig. Das bedeutet sicher wieder Lärm und Menschenmassen.

Aber dass mein Vater mich direkt in die Hölle führen würde, hätte ich dann doch nicht geglaubt.

Der Bazar Khan El-Khalili ist nämlich wirklich die reine Hölle!

Ein schreckliches Gewirr von engen, verwinkelten Gassen, ein Laden klebt an dem anderen und die kitschigen Souvenirs hängen wie Trauben außen an den Wänden: Zinnteller, Vasen, Papyri, Perlmuttschatullen und so weiter. Touristen und Händler treten sich gegenseitig auf die Füße. Noch nie hab ich so viele Ägypter in Galabijas gesehen, in diesen langen, dünnen Kleidern aus Baumwolle, bei denen ich immer an Nachthemden denken muss. Aber das Schlimmste ist, dass sich die Händler wie Schmeißfliegen auf die armen Touristen stürzen. Also auch auf mich:

»Come with me, come in!«

»Gold, silver, very cheap!«

»What are you looking for?«

»I've got a present for you!«

Ständig strecken sie auch noch ihre Hände nach mir aus. Ich klammere meine Arme um die Brust und starre nur noch auf den Boden.

Papa lacht. »Entspann dich, Chiara! Das ist eben anders als bei uns daheim. Dafür gibt es hier wenigstens keine muffeligen Verkäufer.«

»Muffelige Verkäufer sind mir tausendmal lieber als diese Geier hier!«

Papa zuckt mit den Schultern. »Du wirst dich schnell dran gewöhnen. Als ich zum ersten Mal auf einem Bazar war, hab ich auch Platzangst gekriegt.«

Gewöhnen? Ich muss mich an gar nichts gewöhnen!

»Ich will heim!«, sage ich.

Papa nickt nur. »Gleich.«

Doch statt schneller zu gehen, bleibt er vor einem Laden mit Wasserpfeifen stehen.

Sofort stürzt der aufdringliche Verkäufer heraus. »Welcome to Kairo! Where do you come from? Do you like Egypt? Please, come in!«

Ich werfe Papa verzweifelte Blicke zu, aber er reagiert überhaupt nicht. Geduldig beantwortet er auf Englisch die Standardfragen des Händlers. Der legt ihm den Arm um die Schultern und zieht ihn immer weiter hinein in seinen winzigen Laden. Dabei wiederholt er ständig: »Ahlan we salahn!«

»Ahlan bîk!«, antwortet mein Vater.

Als ich zögere, kommt der Händler zurück und zerrt mich auch in den Laden. Dann winkt er einem Jungen zu, der draußen auf der Gasse vorbeigeht und mit den Händen über dem Kopf ein silbernes Tablett balanciert.

Der Junge betritt den Laden und stellt zwei Gläser Tee vor uns auf einen winzigen Tisch.

»Here, some tea for you!«, sagt der Händler. »Shai ziyada.«

In den kleinen Gläsern dampft schwarzer Tee und obendrauf schwimmen ein paar Blätter frische Minze.

Papa verbeugt sich leicht. »Schukran.« Das heißt bestimmt danke.

»Schukran«, sage ich auch.

Der Händler strahlt und überschüttet uns mit einem Schwall arabischer Worte. Mein Vater hört aufmerksam zu und nickt immer wieder zwischendrin. Dann antwortet er auf Arabisch, zwar etwas stockend, aber das Lächeln des Händlers wird immer breiter. Die beiden reden und reden und ich verstehe kein Wort.

Ich puste in meinen Tee, bis ich ihn trinken kann, aber schon beim ersten Schluck schüttelt es mich. Das ist kein Tee mit etwas Zucker, das ist Zucker mit etwas Tee! Unauffällig schiebe ich das Glas von mir weg.

Der Händler und mein Vater beachten mich nicht. Sie unterhalten sich, als ob sie sich schon ewig kennen würden. Fast nebenbei fängt der Händler an, meinem Vater Wasserpfeifen zu zeigen. Ein Angestellter kommt dazu und hilft, dann noch einer und noch einer. Vielleicht sind es auch Verwandte des Händlers.

Die großen Teile mit ihren langen Schläuchen erinnern mich an Beatmungsgeräte im Krankenhaus. Immer neue Wasserpfeifen schleppt der Händler an, in allen Farben des Regenbogens. Mein Vater sieht sich jede Pfeife genau an und lobt sie, zumindest macht er das entsprechende Gesicht dazu.

Im Laden ist es stickig und heiß. Ich versuche noch mal, Papa zum Gehen zu bewegen, aber die Energie hätte ich mir sparen können. Wenn mein Vater in etwas versunken ist, nimmt er nichts mehr um sich herum wahr.

Jetzt bestückt der Händler auch noch eine Wasserpfeife mit Holzkohle und Tabak und zündet das Ganze an. Ein betäubender Geruch nach Kohle und künstlichem Apfelaroma breitet sich im Raum aus. Ich fächele mir mit der Hand Luft zu. Mein Vater nimmt vorsichtig den ersten Zug, das Wasser in der Pfeife blubbert. Die Angestellten scharen sich um ihn und beobachten gespannt seine Reaktion. Mein Vater lässt den Geschmack auf der Zunge zergehen, nickt, nimmt noch einen Zug, noch einen und noch einen …

Und das war dann ein Zug zu viel. Ich springe auf.

»Papa, ich geh jetzt, ich nehm mir ein Taxi.«

Mein Vater nickt mir durch den Wasserpfeifendunst zu. Als ich mich am Eingang noch mal umdrehe, verschwindet er völlig im Nebel.

Ich schiebe mich durch die Gassen, rempele Leute an, boxe ihnen die Ellenbogen in die Rippen, es ist mir alles egal. Ich will nur weg von hier! Endlich lichtet sich das Gassengewirr und vor mir liegt ein großer Platz mit einem Brunnen. Keuchend bleibe ich stehen und will erst mal verschnaufen.

Plötzlich hupt es direkt neben mir. Diese Idioten! Können die nicht einmal Rücksicht nehmen? Es hupt noch mal. Ich richte mich auf und suche nach einem Schimpfwort von Meike.

»Eeh da!«, fällt mir als Einziges ein.

Der Fahrer grinst und macht die Beifahrertür auf. Es ist ein Taxi. Ich will schon einsteigen, als mir im letzten Moment einfällt, was mir mein Vater eingebläut hat.

»Maadi, twenty pounds?«

Der Taxifahrer verzieht das Gesicht. »Twenty-five!«

Ich gehe ein paar Schritte weiter. In meinem Geldbeutel sind gerade noch zwanzig Pfund und der Fahrer ist mir sowieso viel zu aufdringlich.

»Come back!«, ruft er mir nach. »Twenty pounds are okay.«

Überrascht drehe ich mich um und steige ein. Zum ersten Mal an diesem Scheißtag habe ich Glück!

Kapitel 6

Ich hätte es wissen müssen, dass mein Glück, seit ich in Kairo bin, nie lange anhält. Als ich dem Taxifahrer vor unserer Wohnung meinen klebrigen Zwanzig-Pfund-Schein in die Hand drücke, steckt er ihn ein und hält noch mal die Hand auf.

Ich schüttele den Kopf.

Der Taxifahrer wird wütend. »No, that's not enough!«

Von wegen! Genau so viel hatten wir ausgemacht. Ich öffne die Beifahrertür.

Der Taxifahrer hält mich am Arm zurück. »Five pounds!«

»No!«, rufe ich. »I said twenty pounds.«

»Twenty-five pounds!«, sagt der Taxifahrer.

Jetzt reicht's mir aber! Der spinnt doch!

»Was fällt Ihnen eigentlich ein ...«, fange ich auf Deutsch an.

Plötzlich höre ich hinter mir eine ärgerliche arabische Stimme. Jemand schiebt mich sanft zur Seite. Selim!

Er beugt sich zum Fahrer in den Wagen und fährt ihn auf Arabisch an. Der Fahrer zuckt zusammen und hebt hilflos die Schultern. Selim redet weiter auf ihn ein.

»Excuse me«, sagt der Fahrer plötzlich zu mir.

Seine blöde Entschuldigung kann er sich jetzt sparen. Ich bin sauer!

»Excuse me«, wiederholt der Taxifahrer. »Welcome to Egypt!«

Na toll! Auf einmal wird er freundlich.

»Thank you«, sage ich dann doch.

Selim verabschiedet sich vom Fahrer und schlägt die Tür zu. Sofort braust das Taxi davon.

Ich drehe mich zu Selim um. »Danke, du hast mich gerettet! Er wollte auf einmal mehr Geld, als wir ausgemacht hatten.«

Selim nickt. »Gern geschehen, Chiara. Zum Glück war ich in der Nähe, ich komme gerade von deinem Bruder. Manche Taxifahrer sind einfach unmöglich zu Fremden. Sie vergessen völlig, dass sie einen Gast vor sich haben, und denken, Touristen haben jede Menge Geld, die können sie ausbeuten. Dabei bist du nicht mal eine Touristin – du lebst in Kairo!«

»Stimmt«, sage ich, »aber fremd fühle ich mich schon noch hier, ziemlich sogar.«

Ich wundere mich, dass ich so offen zu Selim bin. Ich kenne ihn doch überhaupt noch nicht!

»Ist es wie bei einem Erdbeben? Als ob dein Leben plötzlich einstürzt?«, fragt Selim.

Langsam wird er mir unheimlich. »Ja, woher weißt du …«

»Ich war mal für drei Wochen mit meinen Eltern in Frankreich«, erzählt Selim. »Meine Mutter hat dort einen Film gedreht und mein Vater hat seine Geschäftsfreunde, ein paar Anwälte, besucht. Ich konnte überall mitgehen und dabei sein, aber … ich hab mich trotzdem noch nie so einsam gefühlt.«

Am liebsten würde ich Selim auf der Stelle um den Hals fallen. Endlich jemand, der mich versteht!

Selim lächelt. »Unser Haus ist auch euer Haus. Ich hab meinen Eltern schon viel von eurer Familie erzählt. Sie sind sehr gespannt darauf, euch kennen zu lernen. Übermorgen seid ihr herzlich eingeladen, zum Abendessen.«

»Das ist ja wunderbar!«, rutscht es mir heraus.

Selim lächelt schon wieder. »Finde ich auch. Hanno hat gesagt, du interessierst dich für Filme? Da freut sich meine Mutter bestimmt auf dich. Sie ist nämlich Regisseurin.«

Ich werde mit einer echten Regisseurin zu Abend essen? Das wird ja immer wunderbarer! Selim redet wieder von Hanno, aber ich kann ihm gar nicht richtig zuhören. Sein Gesicht verschwimmt vor meinen Augen ...

Szene Drei; außen/Tag
KAIRO/BAZAR KHAN EL-KHALILI

Totale von oben: langsamer Schwenk über die Gassen und Dächer der Läden. Im Hintergrund arabisches Kauderwelsch, das immer lauter wird.
Cut. Nah: eine besonders volle Gasse. Zoom auf die Menschen, schließlich Zoom auf Chiara. Chiara sieht sich Galabijas an. Sie befühlt die Stoffe. Der Händler legt ihr einen Stoff über die Schultern. Chiara streift den Stoff ab und schüttelt energisch den Kopf.
Die Hintergrundgeräusche setzen plötzlich aus. Schwenk zum Nachbarladen. Das Bild fängt an zu wackeln. Zeitlupe: Die Mauer des Nachbarladens stürzt ein. Steine fliegen durch die Luft, Staub wirbelt auf. Abwechselnd Zoom auf Chiara und den Händler. Beide sehen mit vor Schreck geweiteten Augen zu.

Ende der Zeitlupe. Normales Tempo, die Geräusche setzen wieder voll ein.

Der Händler:
(besorgt zu Chiara)
»Be careful! Vorsicht!«
Chiara:
»Yes.«
Der Händler:
(streckt die Hände zum Himmel)
»Es gibt keine Macht noch Stärke außer bei Allah!«

Von allen Seiten Geschrei. Touristen und Händler fangen an zu laufen. Chaos, Flucht. Chiara bleibt erst fassungslos stehen. Dann holt sie ihre Videokamera aus dem Rucksack.
Das Bild wackelt stärker. Ein zweites Haus stürzt ein. Chiara legt die Kamera auf die Schulter und fängt an zu filmen: schreiende Menschen in Panik, Staubwolken, Läden, die wie Kartenhäuser in sich zusammenfallen. Chiara folgt dem Strom der Flüchtenden, zoomt Menschen näher heran: Ein Kind bricht zusammen, ein Mann mit völlig verstaubtem Haar und Mantel hebt es auf und trägt es aus der Gefahrenzone. Zoom auf den Mann: Es ist der Galabija-Händler.
Cut.

Ortswechsel: Kairo/Stadtteil Dokki/Büro in einer Produktionsfirma

Halbnah: Chiara gibt dem Produktionsleiter ihren Film. Zoom auf das gelangweilte Gesicht des Produktionsleiters. Er sieht Selim sehr ähnlich. Der Produktionsleiter legt den Film ein, zieht die Vorhänge zu und löscht das Licht. Auf einer Leinwand erscheinen Chiaras Bilder vom Erdbeben. Schneller Vorlauf.

Der Produktionsleiter schaltet das Licht wieder ein. Zoom auf sein überraschtes Gesicht. Er bietet Chiara einen Platz an. Eine Sekretärin bringt Tee.

DER PRODUKTIONSLEITER:
»Und Sie haben wirklich noch keinerlei Dreherfahrung?«
CHIARA:
»Nein.«
DER PRODUKTIONSLEITER:
»Erstaunlich, ganz erstaunlich!«
Chiara:
»Was wollen Sie damit sagen?«
DER PRODUKTIONSLEITER:
»Dass der Film genial ist. Er fängt alles ein: die Katastrophe, aber auch die Menschlichkeit und Hilfsbereitschaft zwischen den Opfern.«
CHIARA:
»Das freut mich.«
DER PRODUKTIONSLEITER:
»Ich möchte den Film unbedingt haben. Verkaufen Sie ihn?«
CHIARA:
»Ja, aber nur unter einer Bedingung: Ich möchte noch mehr Filme für Sie drehen.«
DER PRODUKTIONSLEITER:
»Einverstanden. Sie müssten allerdings nach Deutschland fliegen, zu den ägyptischen Angehörigen der Opfer, die dort leben. Ist das ein Problem für Sie?«
CHIARA:
(schüttelt den Kopf)
»Überhaupt kein Problem. Wann soll es losgehen?«

»Chiara, hörst du mir zu?«, fragt Selim.

Ich mache die Augen auf. »Entschuldige, ich hab gerade an was anderes gedacht.«

»Verstehe«, sagt Selim. »Ich will dich auch nicht länger aufhalten. Wir sehen uns dann am Sonntag?«

»Am Sonntag«, sage ich. Selim dreht sich um.

Da fällt mir noch was Wichtiges ein. »Aber sag bloß nicht meinen Eltern oder Hanno, was ich dir gerade erzählt hab, dass ich mich hier nicht wohl fühle und so.«

Selim beißt sich mit den Schneidezähnen auf die Unterlippe. »Keine Sorge! Das Geheimnis liegt im Brunnen.«

*

Langsam drehe ich mich vor dem Spiegel. Ich habe mein Lieblingskleid an, das mit dem weiten, schwingenden Rock und dem Blumenmuster. Aber auf einmal gefällt es mir nicht mehr, es wirkt zu kindlich irgendwie, als wäre ich noch ein kleines zwölfjähriges Mädchen.

Bügel für Bügel gehe ich meine Klamotten durch. Der schwarze Hosenanzug? Zu streng. Das Etuikleid? Zu elegant. Die Jeans? Zu eng, da schwitze ich bloß. Und die neue Cargohose, die ich kurz vor der Abreise noch zusammen mit Doro gekauft habe? Nein, die erinnert mich den ganzen Abend nur an Doro. Oder doch das Blumenkleid? Als ich es noch mal anziehe, gefällt es mir dann wieder ganz gut. Okay, wenigstens fühle ich mich wohl darin, das ist die Hauptsache. Meine Hände zittern, als ich den Reißverschluss zumache. Ich bin so aufgeregt! Wie Selims Mutter wohl ist?

Ich gucke auf meine Armbanduhr. Was, schon acht? Um halb neun sollen wir bei Selims Eltern sein! Als ich die Treppe runter ins Wohnzimmer renne, ist niemand da.

»Mama, Papa, Hanno!«, rufe ich. »Wir müssen los.«

»Gleich«, antwortet Mama aus ihrem Arbeitszimmer.

Ich reiße die Tür auf. »Was machst du denn noch?«

Mama sieht von ihrem Skizzenblock hoch. »Ich suche gerade eine Zeichnung für die Rashwans aus. Was meinst du, welche ist schöner? Die von der Palme in unserem Garten oder die von der Chephren-Pyramide?«

»Natürlich die von der Pyramide«, sage ich.

Mama seufzt. »Das hab ich befürchtet. Ich trenn mich so ungern von ihr.«

»Dann nimm die Palme. Aber entscheid dich endlich, wir sind spät dran!«

Während Mama weiter die Blätter hin und her dreht, gehe ich rüber in Papas Büro. Er sitzt in aller Seelenruhe am Computer, neben sich einen chaotischen Stapel Zeitschriften und Papiere.

»Mensch, Papa, wir müssen los!«

»Gleich«, sagt Papa.

Trotzdem dauert es ewig, bis er sich loseist, und noch länger, bis Hanno seine Musik abdreht und seine Socken findet.

Endlich sitzen wir im Auto. Mama ist am Steuer.

»Hast du die Skizze mit der Wegbeschreibung von den Rashwans?«, fragt Mama.

»Die brauch ich nicht«, sagt Papa. »Ich hab mir den Weg gemerkt. Du fährst erst mal Richtung Dokki und dann sehen wir weiter.«

Mama stöhnt. »Da bin ich ja mal gespannt, ob wir das finden. Musst du immer so chaotisch sein?«

»Was dagegen?«, fragt Papa.

»Ja!«, sagt Mama.

Papa wird lauter. »Okay, und ich hab was gegen dich!«

Das darf doch nicht wahr sein! Jetzt fangen sie auch noch an zu streiten. Die sollen mich bloß mit ihrer Scheißlaune nicht anstecken, ausgerechnet heute, wo ich mich zum ersten Mal auf etwas freue. Ich werfe einen genervten Blick zu Hanno rüber, aber der sieht mich gar nicht. Er starrt auf sein Handy und schreibt eine SMS.

Mama trommelt aufs Lenkrad. »Aha, und was hast du gegen mich?«

»Dass du dich in deine Bilder vergräbst und dauernd mit den deutschen Frauen im Club rumhängst«, sagt Papa. »Geh doch mal raus, red mit den Leuten, mit den Ägyptern! Sonst kommst du nie hier an.«

Mama schnappt nach Luft. »Hör bloß auf mit den Club-Tussis! Die sind mir total egal. Und was soll das mit den Ägyptern? *Ich* arbeite doch den ganzen Tag mit Ägyptern zusammen, mit Schülern, Lehrern ...«

»Und, hast du schon mal privat was mit Kollegen gemacht?«, fragt Papa.

»Wird das jetzt ein Verhör?«, fragt Mama. »Warum willst du plötzlich wissen, mit wem ich mich treffe? Du bist doch sowieso dauernd unterwegs. Natürlich mit lauter tollen Ägyptern. Tut mir Leid, da kann ich wohl nicht mithalten.«

Papa seufzt. »Du kannst jederzeit mitkommen.«

»Klar«, sagt Mama, aber es klingt wie: Du kannst mich mal!

Die beiden verfallen in eisiges Schweigen. Das kann ja heiter werden. Wenn sie gleich so am Tisch sitzen und sich mit Blicken töten, vergiften sie garantiert die Stimmung des ganzen Abends.

Und Mama hatte leider Recht: Papa kann sich nicht mehr genau an den Weg erinnern. Eine Viertelstunde kurven wir durch Dokki, bis wir endlich durch Zufall auf die richtige Straße stoßen. Inzwischen ist es neun geworden. Wetten, dass die Rashwans supersauer sind?

Ihre Wohnung ist in einem vornehmen Geschäftshaus. Wir fahren mit dem Aufzug in den dritten Stock.

Eine attraktive Frau in schwarzer Jeans und weißer Bluse öffnet uns. Sie ist dezent geschminkt und hat blonde Strähnen im braunen Haar. »Ihr seid so schön pünktlich! Ahlan we salahn, herzlich willkommen!«

Pünktlich? Macht sie Witze oder meint sie das wirklich ernst?

Hinter Frau Rashwan taucht ihr Mann auf. »Kommt doch rein, bitte! Ich wünsche euch einen sahnigen Abend.«

Hanno fängt an zu grinsen.

Jetzt weiß ich, woher Selim die schöne blumige Sprache hat. Da kommt er gerade aus seinem Zimmer. Er trägt ein gestreiftes Hemd und elegante dunkle Hosen, genau wie sein Vater, nur hat der noch eine Krawatte dazu an.

»Hallo, Chiara!«, sagt er und lächelt mich an.

Ich spüre einen kleinen Stich in meiner Brust. »Hallo, Selim.«

Mein Vater zieht sich die Schuhe aus und gibt uns ein Zeichen, es auch zu tun.

Dann führt uns Selims Mutter in einen riesigen Salon mit lauter antiken Stühlen und Sofas, die einander an den Wänden gegenüber stehen. Auf einem roten Sofa sitzen ein kleiner Junge und ein erwachsenes Mädchen. Als wir hereinkommen, stehen sie sofort auf und begrüßen uns.

»Das sind Mona und Tarek«, sagt Selim, »meine große Schwester und mein kleiner Bruder.«

Mona sieht Selim sehr ähnlich, sie hat die gleichen Locken wie er, nur viel länger und zu einem Zopf gebunden.

»As salamu aleikum!«, kräht Tarek.

»Aleikum as salam!«, antwortet mein Vater.

Tarek läuft auf ihn zu und schlingt die Arme um seine Beine. Papa lacht aus vollem Hals und Selims Familie stimmt in das Lachen ein.

Nur Mama kann nicht so schnell umschalten.

Verlegen räuspert sie sich. »Ich hab eine kleine Zeichnung mitgebracht.«

Frau Rashwan bedankt sich, nimmt das flache Päckchen entgegen und legt es auf die Anrichte, ohne es auszupacken. Ich merke, wie meine Mutter in sich zusammensinkt. Hätte sie halt gleich dazugesagt, dass die Zeichnung von ihr ist! Wetten, dass sie doch die Pyramide hergegeben hat und es jetzt bitter bereut?

»Setzt euch doch«, sagt Selims Vater.

Verstohlen sehe ich mich um. Auf einer Kommode steht ein kleiner Wald aus Fotorahmen. Alles Familienbilder, ein Hochzeitsfoto von Selims Eltern und jede Menge Babyfotos. Welches Baby wohl Selim ist?

Die Köchin bringt ein Tablett mit frischen Fruchtsäften. Tarek stürzt sich als Erster darauf. Er klettert mit seinem Glas auf den Schoß meines Vaters, als ob er ihn schon ewig kennen würde. Wie macht Papa das bloß?

Mama dagegen sitzt ziemlich steif auf der Kante des Sofas.

»Schön, dass wir Hannos Familie endlich kennen lernen«, sagt Selims Vater. »Ich hab gehört, Selim und Hanno, ihr spielt jetzt in einer Band zusammen? Wann tretet ihr denn das erste Mal auf?«

Hanno winkt ab. »Das dauert noch. Ich glaube, wir müssen uns erst mal auf einen Stil einigen.«

»Klassik, amerikanischer Pop oder arabischer Pop?«, fragt Mona spöttisch.

»Ich bin für einen Mix aus allem«, antwortet Selim. »Dann kann ich zwischen Gitarre und Geige hin- und herwechseln.«

»Selim nimmt Geigenstunden bei einem Lehrer an der Oper«, sagt Selims Mutter. »Wenn der von der Band hört, fällt er bestimmt in Ohnmacht.«

Sie lächelt Selim liebevoll zu. Ihr ist es offenbar egal, welche Musikrichtung ihr Sohn spielt, Hauptsache, es macht ihm Spaß.

Geige! Ich versuche mir vorzustellen, wie Selim mit einer Geige unter dem Kinn aussieht. Bestimmt toll.

»Sie sprechen so gut Deutsch«, sagt Mama. »Waren Sie viel im Ausland?«

»Ja«, sagt Selims Mutter. »Als Regisseurin komme ich viel herum und einmal habe ich auch in Deutschland gedreht. Aber das ist nicht der eigentliche Grund. Mein Bruder hat eine deutsche Frau geheiratet und lebt mit ihr in Stuttgart. Wir besuchen sie ziemlich oft.«

»Und meine Mutter ist auch Deutsche«, sagt ihr Mann. »Wir sind also eine Mix-Familie, genauso wie die Band der Jungen.«

Alle lachen.

Dann holt uns die Köchin zum Essen und wir gehen alle zusammen hinüber ins Esszimmer. Dort gibt es einen langen, niedrigen Tisch und Sitzkissen. Der Tisch biegt sich unter tausend Schüsseln und Tellern, gefüllt mit Jogurt, verschiedenen Dips, Eiern, gratinierten Zucchini, Weinblättern und vielen anderen Köstlichkeiten. Mir läuft das Wasser im Mund zusammen.

Im Schneidersitz zu essen ist ziemlich ungewohnt, aber nach einer Weile denke ich gar nicht mehr daran. Ich bin vollauf mit essen beschäftigt und immer, wenn mein Teller gerade mal zur Hälfte leer ist, füllt ihn Frau Rashwan sofort wieder nach. Als die Hauptspeise kommt – Hühnchen mit Reis und Fladenbrot –, bin ich schon so pappsatt, dass ich kaum mehr was runterkriege.

Während dem Essen sagt kaum jemand etwas, aber sobald die Teller abgetragen sind und der Tee serviert ist, fangen die Rashwans wieder an zu plaudern. Frau Rashwan erklärt meiner Mutter die Zubereitung der Vorspeisen. Herr Rashwan und Selim fachsimpeln über das letzte Fußballspiel der beiden Top-Teams in Kairo. Und danach erzählt Herr Rashwan einige witzige Anekdoten aus seiner Anwaltskanzlei.

»Wenn mein Jurastudium bloß auch so lustig wäre«, sagt Mona.

»Wie weit bist du denn?«, frage ich.

»Ach, ich habe gerade erst angefangen«, antwortet Mona, »aber mir reicht es jetzt schon. Wir müssen wahnsinnig viel auswendig lernen.«

Ihr Vater grinst. »Das tut dir nur gut, sonst würdest du dich bloß auf die faule Haut legen.«

»Weißt du denn schon, was du nach dem Studium machst?«, fragt Hanno. »Wirst du arbeiten oder doch lieber heiraten und zu Hause bleiben?«

Papa wirft Hanno einen warnenden Blick zu.

Aber Mona lacht nur. »Klar, meine Eltern suchen für mich schon fieberhaft nach einem passenden Mann. Der wird mir für den Rest meines Lebens verbieten, außer Haus zu arbeiten, und dann bekomme ich ein Kind nach dem anderen und werde dick und rund.«

Da muss Hanno auch lachen. »So hab ich es natürlich nicht gemeint.«

Frau Rashwan setzt ihre Teetasse ab und sagt: »Unsere Kinder sollen alle den Beruf ausüben, der ihnen Spaß macht, und sie sollen auf eigenen Füßen stehen. Aber froh bin ich schon, dass sich Mona nicht fürs Filmgeschäft entschieden hat. Die Branche ist für Frauen hier sehr hart.«

»Wie viele ägyptische Regisseurinnen gibt es denn?«, frage ich.

»Mit mir sind es gerade mal drei«, antwortet Frau Rashwan, »nur beim Fernsehen ist der Frauenanteil höher.«

»Das glaub ich einfach nicht!«, sage ich erstaunt.

»Ja, leider ist die ägyptische Filmbranche immer noch von Männern dominiert«, erklärt mir Selims Mutter. »Und bei den Produzenten sieht es noch schlimmer aus. Da bin ich sogar die einzige Frau in ganz Ägypten.«

»Sie haben eine eigene Produktionsfirma?«, frage ich.

Frau Rashwan nickt. »Ja, gleich hier im Haus, nur ein Stockwerk tiefer. Willst du die Büros mal sehen, Chiara?«

»Ja, klar!«

Sofort steht Frau Rashwan auf und holt die Schlüssel. »Wir sind gleich wieder da.«

»Hoffentlich«, sagt Selim und sieht mir ganz kurz in die Augen.

Meine Hand auf der Türklinke fängt an zu kribbeln. Erst unten auf der Treppe vor den Büros lässt das Kribbeln langsam nach.

Frau Rashwan führt mich in eine völlig andere Welt. Die Räume sind im Gegensatz zur Privatwohnung überhaupt nicht orientalisch eingerichtet, sondern erinnern mich eher an ein deutsches Designerbüro: die Tische aus kühlem schwarzem Granit, die Sessel aus braunem Leder und die grauen Bodenfliesen mit einem Muster aus roten Dreiecken.

»Gefällt es dir?«, fragt Frau Rashwan.

»Sehr«, antworte ich. »Haben Sie viele Mitarbeiter?«

Frau Rashwan schüttelt den Kopf. »Nur fünf. Beim Drehen sind es dann natürlich mehr.«

»Drehen Sie denn gerade einen Film?«

»Ja, es ist ein Film für Jugendliche. Ein junges Mädchen wird vor der Ehe schwanger. Das ist immer noch eine große Schande in Ägypten.«

»Und was passiert mit dem Mädchen im Film?«, frage ich Frau Rashwan.

Sie sieht mich ernst an. »Das Mädchen wird von der Gesellschaft ausgestoßen und psychisch zerstört. Am Schluss ist sie nicht mal mehr fähig, jemanden zu lieben.«

Plötzlich begreife ich, was das bedeutet: Selims Mutter ist nicht nur eine emanzipierte Regisseurin in einer Männerwelt – sie kämpft auch noch mit ihren Filmen gegen die Tabus genau dieser Männerwelt!

»Da gehört bestimmt viel Mut dazu, so einen Film zu drehen, oder?«, frage ich.

»Das kannst du laut sagen. Ich habe viele Feinde, die meine Filme verbieten wollen. Bisher haben sie es zum Glück noch nicht geschafft.«

Sie lächelt wieder und ihre Augen blitzen vor Leidenschaft und Stolz. Was für eine wundervolle Frau!

Kapitel 7

»Verteilt bitte die Blätter für die Mathearbeit«, sagt Herr Senft, unser Mathelehrer.

Die Schule hat mich wieder fest im Griff. Die letzten zwei Wochen waren der Hammer: Wir hatten Unmengen von Hausaufgaben auf und diese Woche müssen wir gleich zwei Arbeiten schreiben. Ich lerne wie eine Wahnsinnige und hab ständig das Gefühl, dass gleich mein Schädel platzt.

»Weitergeben, Chiara!«, ruft Herr Senft.

Hastig reiche ich den Stoß mit den Blättern nach hinten.

»Guten Morgen!«, sagt Youssef. »Tolle Augenringe übrigens, sind die echt?«

Rami und Dina prusten vor Lachen.

Ich beiße mir auf die Lippen. Von Youssef und Rami bin ich es ja inzwischen gewöhnt, dass sie mich hochnehmen, aber dass Dina mitmacht, ist neu. Na wartet, euch wird das Lachen schon noch vergehen!

Ich krame nach meinem Füller und beuge mich über die Mathearbeit. Drei Aufgaben sagen mir überhaupt nichts und bei der vierten hab ich nur eine blasse Ahnung.

Mariam schreibt schon munter drauflos. Sie ist richtig gut in Mathe, im Gegensatz zu mir. Aber miese Noten in Mathe liegen bei uns in der Familie. Ich kaue auf meinem Füller herum und starre auf die erste Aufgabe. Herr Senft geht an mir vorbei und wandert durch die Reihen.

Plötzlich schiebt Mariam ihr Blatt ein Stück zu mir rüber. Ich bin so verblüfft, dass ich es erst gar nicht kapiere.

»Mach schon!«, flüstert Mariam.

Schnell schreibe ich die ersten zwei Aufgaben ab.

Da kommen die Schritte von Herrn Senft wieder näher. Mariam nimmt ihr Blatt, legt ihre Hand darüber und ich rücke von ihr weg. Herr Senft geht an uns vorbei, er hat nichts gemerkt. Glück gehabt!

Mit Mariams Hilfe schaffe ich mehr als die Hälfte der Arbeit. Als es zur Pause klingelt und Herr Senft aus der Tür ist, bedanke ich mich bei ihr.

Mariam lächelt »Gerne, war doch klar. Das nächste Mal hilfst du mir dafür, okay?«

»Okay«, sage ich.

Vielleicht ist Mariam doch netter, als ich dachte.

Auf dem Pausenhof ist es heute ziemlich windig und ich habe nur ein dünnes T-Shirt an. Fröstelnd laufe ich rüber zur Bibliothek. Ich wollte mir sowieso neue Bücher ausleihen, warum also nicht gleich?

In der Bibliothek ist kaum was los. Langsam schlendere ich zwischen den Bücherregalen hindurch und lege mir die Bücher auf den Arm.

Ganz hinten vor einem Regal steht ein Junge. Als ich ihn erkenne, klopft mein Herz plötzlich schneller. Selim!

In dem Moment dreht er sich zu mir um.

»Hallo, Chiara! Schön, dich zu sehen.«

Ich bringe nur ein einziges Wort heraus: »Hi!«

Selim wirft einen Blick auf den obersten Titel meines Bücherstapels. »Ach, die *Buddenbrooks* von Thomas Mann! Die mag ich auch.«

»Wirklich?«, frage ich. Was Dämlicheres fällt mir nicht ein.

Selim nickt. »Manchmal erinnert mich Thomas Manns Stil ein bisschen an Nagib Machfus. Er beschreibt auch jede Figur und jedes Familienmitglied so liebevoll und detailliert.«

»Machfus, der ägyptische Literatur-Nobelpreisträger?«

»Ja, genau«, sagt Selim. »Hast du schon mal was von ihm gelesen?«

»Noch nicht. Mein Vater hat mir vor Jahren mal die Kairo-Trilogie gegeben, aber die dicken Bände haben mich irgendwie abgeschreckt. Ich bin leider nie über die ersten Seiten hinausgekommen.«

»Ja, dafür braucht man viel Zeit«, sagt Selim. »Toll ist auch *Die Midaq-Gasse* von ihm, das ist nur ein Band und der ist nicht so dick.«

»Danke für den Tipp.«

Jetzt geht er bestimmt.

Nein, er bleibt stehen und lächelt mich an!

»Was ist?«, frage ich.

»Ich hab da eine Idee«, sagt Selim. »Willst du das Kairo von Machfus kennen lernen? Das Kairo, das er in seinen Büchern beschreibt?«

»Gibt es das denn noch?«

»Klar«, sagt Selim. »Das islamische Viertel sieht fast genauso aus wie früher. Ich kann es dir gern zeigen. Wie wär's mit heute Nachmittag?«

Sekundenschnell überschlage ich meinen Stundenplan. »Ja, super, da haben wir schon um Viertel nach eins aus.«

»Um halb vier am Haupteingang vom Ramses Bahnhof, okay?«, schlägt Selim vor. »Den findest du leicht und von dort können wir rüber zum islamischen Viertel gehen.«

Ich strahle ihn an. »Gute Idee!«

»Also, bis dann«, sagt Selim.

»Also, bis dann«, sage ich.

Da ruft jemand quer durch die Bibliothek: »Hey, Selim!«

Eine Traube von Jungs, darunter Hanno, steht am Eingang. Zum Glück haben sie uns noch nicht entdeckt. Ich schlüpfe aus dem Gang und verziehe mich unauffällig zur Bücherausgabe.

Ein Nachmittag mit Selim! Plötzlich sehe ich Julie Delpy und Ethan Hawke vor mir, wie sie in *Before Sunrise* durch die Straßen von Wien laufen und sich mit jedem Schritt näher kommen. Ach!!!

Zu Hause hole ich mir schnell ein Sandwich – heute kommen die anderen zum Glück erst später – und laufe in mein Zimmer, um mich umzuziehen.

Schon wieder hab ich die Qual der Wahl. Diesmal brauche ich vor allem bequeme Schuhe, wer weiß, wie lange wir unterwegs sind. Also die Sneakers. Zu denen passt die Cargohose eindeutig am besten.

Als ich fertig bin, hab ich noch ein bisschen Zeit und gehe an meinen Computer. Vielleicht hat Doro ja gemailt. Als echte Freundin habe ich sie zwar inzwischen längst abgeschrieben, aber immerhin ist sie mein einziger Draht nach Deutschland.

HI, CHIARA!

Stell dir vor, heute hat es zum ersten Mal geschneit! Dabei ist es erst Anfang Oktober. Mir graut vor dem Winter. Du hast es gut, du kannst im warmen Ägypten überwintern! In der Schule beneiden dich übrigens alle: Mit fünfzehn schon in einer Megastadt wie Kairo, wo wirst du erst mit zwanzig sein? In Mexiko, Tokio?

Good news! Ich hab jemanden kennen gelernt. Endlich! Die Mädels wollten mich schon verkuppeln, weil ich seit drei Wochen solo bin. Erinnerst du dich an den Kartenabreißer im Kino? Den süßen Typen mit den blonden Haaren? Als ich das letzte Mal im Kino war, hab ich ihn einfach angequatscht. Er war total nett und heute haben wir unser erstes Date! Krass, oder?

Ich muss aufhören, muss mich noch umziehen! Hilfe, was ziehe ich bloß an?

Ciao!!!

Doro

Ist es nicht verrückt? Doro und ich sind tausende von Kilometern voneinander entfernt und trotzdem in genau derselben Situation! Aber ich werde ihr garantiert nicht von meinem Date mit Selim erzählen. Sie würde es eh nicht kapieren. Kairo ist für sie doch bloß eine bunte Seifenblase, mit ihrer Welt hat das absolut nichts zu tun. Außerdem ist es ja gar kein richtiges Date. Selim will nur gastfreundlich sein und mir ein Stück von Kairo zeigen, nichts weiter!

HI, DORO!

Klar erinnere ich mich an den Kartenabreißer. Glückwunsch! Das Date wird bestimmt gut.

Heute sehe ich mir das islamische Viertel an. Bin schon gespannt, wie viele Händler mich diesmal überfallen. Übrigens ist es hier auch kühler geworden, wir haben nur noch achtzehn Grad und nach der ganzen Hitze kommt mir das gerade mal wie acht Grad vor!

Ciao und Cut!

Chiara

Als ich den Computer ausschalte, klopft es an der Tür.

»Kann ich reinkommen?«, fragt die Putzfrau vorsichtig.

Ich laufe auf sie zu und falle ihr um den Hals.

»Chiara, mein süßer Honig!«, sagt sie lachend und drückt mir ihre drei Küsse auf die Wangen.

Hoffentlich bringen die Küsse Glück.

Der Ramses-Bahnhof ist wieder einer dieser Orte, die ich in Kairo so hasse: ein Riesenplatz, auf dem sich halb Kairo trifft, und zur unvermeidlichen Autolawine kommt hier auch noch eine Buslawine dazu. Ich suche mir eine Ecke im Eingangsbereich, wo ich nicht ständig angerempelt werde.

Auf der Bahnhofsuhr ist es genau halb vier. Jetzt muss Selim jeden Moment hier sein.

Nach einer Viertelstunde brennen meine Augen vom vielen Hin- und Herschauen. Nach einer halben Stunde wird mir schlecht. Vielleicht ist er ja zu langsam über die Straße gelaufen und ein Raser hat ihn angefahren. Nein, bloß nicht das Schlimmste denken, bitte, Selim, dir geht es gut, ja?

Da tippt mir jemand auf die Schulter. »Führst du Selbstgespräche?«, fragt Selim.

Ich fahre herum. Hab ich die letzten Worte etwa laut gedacht?

»Hallo, Chiara!«, sagt Mona.

Ich muss mich zusammenreißen, um mir die Enttäuschung nicht anmerken zu lassen. Selim ist nicht allein gekommen! Warum hat er mir nichts davon gesagt, dass er seine Schwester mitbringen will?

»Hatte die U-Bahn Verspätung?«, frage ich.

Selim schüttelt den Kopf. »Nein, wir haben unterwegs Freunde getroffen und einen Tee mit ihnen getrunken.«

Er sagt das so selbstverständlich und mit einem so unwiderstehlichen Lächeln, dass ich ihm nicht böse sein kann.

»Dann mal los!«, sagt Mona. »Ich war schon ewig nicht mehr im islamischen Viertel. Ich liebe es, wenn Gäste da sind. Dann sehe ich Kairo wieder mit ganz neuen Augen.«

Selim und Mona lotsen mich vom Bahnhof weg auf eine große, belebte Straße. Motorräder und Minibusse, an denen die Menschen wie Trauben an den Türen hängen, rattern an uns vorbei. Auf den Gehsteigen wirbelt Staub auf. Das scheint ja ein supergemütlicher Spaziergang zu werden! Wir laufen eine ganze Weile bis zu einer Hochstraße, wo auch noch unter uns der Verkehr tobt. Plötzlich machen Selim und Mona vor einem großen, alten Tor Halt. Vor lauter Verkehrschaos hätte ich es glatt übersehen.

»Willkommen in der islamischen Altstadt«, sagt Selim. »Wir machen heute eine Tour zwischen den zwei Stadttoren oder zwischen den Palästen. So heißt ein Buch von Machfus. Und das ist das Stadttor Bab Al-Futuh.«

Ich hole meine Kamera heraus.

»Lass mal lieber«, sagt Selim. »Ich glaube, ohne Kamera hast du mehr davon.«

Zögernd verstaue ich die Kamera wieder in meinem Rucksack. Und fünf Sekunden später hab ich sie tatsächlich komplett vergessen.

Hinter dem Tor scheint eine andere Zeit anzufangen. Nicht nur der Verkehr bleibt zurück, auch die modernen Läden sind auf einmal verschwunden. An der schmalen Straße ragt eine Moschee auf. Im Licht der Nachmittagssonne funkeln die beiden Minarette wie wunderschöne Christbaumanhänger.

»Das ist die Moschee Al Hakim«, erklärt Mona. »Man nennt sie auch Al Anuar, die Moschee der Lichter.«

Einen besseren Namen hätte ich ihr auch nicht geben können.

»Komm!«, sagt Selim.

Am Eingang zur Moschee müssen wir unsere Schuhe ausziehen. Ein alter Mann in einer Galabija verstaut sie in einem kleinen Regal. Selim gibt ihm Bakschisch.

Vor uns öffnet sich ein großer, weißer Innenhof mit einem kleinen Brunnen in der Mitte und schlichten Arkaden rings herum. Ich komme mir vor wie in einer Oase, weit weg von Lärm, Staub und Schmutz.

Langsam laufen wir durch die Arkaden. Im Gebetssaal sind Teppiche ausgelegt. Ein paar Männer wiegen sich im Gebet auf und ab, andere sitzen etwas abseits und ruhen sich einfach nur aus. Wie friedlich es hier ist!

»Weißt du, was ich am Islam so mag?«, sagt Selim. »Dass alle Menschen vor Allah gleich sind. Bei uns gibt es keine Hierarchien. Arme und Reiche, Akademiker und einfache Leute beten direkt nebeneinander und im Prinzip kann jeder Vorbeter sein.«

»Das klingt gut«, sage ich. »Betet ihr wirklich fünfmal am Tag?«

Mona schüttelt den Kopf. »Ich mache es wie unsere pharaonischen Vorfahren: eine Stunde für deinen Gott und eine Stunde für dein Herz. Aber bei mir ist das Verhältnis eher eine Stunde für meinen Gott und zwei Stunden für mein Herz.«

»Ich versuche es zumindest«, sagt Selim. »Wenn ich unterwegs bin und der Muezzin ruft, gehe ich oft in eine Moschee. Mit anderen Menschen zu beten ist viel schöner als allein.«

Wie sein Gesicht leuchtet, wenn er vom Islam und vom Beten redet! In der Schule ist mir das auch schon aufgefallen: Die Jugendlichen hier sind offenbar genauso gläubig wie die Erwachsenen und viele gehen freiwillig in der Mittagspause in die Schulmoschee. Wenn ich da an unsere leeren Kirchen in Deutschland denke! Dort zieht es mich absolut nicht hin, weil sich da bloß ein paar einsame alte Leute aneinander festklammern.

»Lasst uns auf das Minarett steigen«, schlägt Mona vor.

Selim ruft einen Jungen, der uns führen soll. Strahlend kommt er her und freut sich über sein Bakschisch.

Vom Ausblick bin ich ein bisschen enttäuscht. Das Minarett ist nicht sehr hoch und von oben sieht man nur auf ein paar baufällige, braune Häuser. Auf den Dächern stapeln sich alte Möbel, Hausrat und Sperrmüll.

»Werden die Sachen nicht nass?«, frage ich.

Selim und Mona lachen.

»Nein«, antwortet Selim. »In Kairo regnet es so gut wie nie und außerdem haben die meisten Häuser keinen Keller, da ist das Dach sehr praktisch.«

Zurück auf der Straße, kommen wir an vielen Händlern vorbei. Instinktiv ziehe ich die Schultern ein und starre auf den Boden, um nicht angesprochen zu werden. Nach ein paar Minuten merke ich, dass das gar nicht nötig ist, die Händler sind überhaupt nicht aggressiv. Verblüfft sehe ich mich um und weiß plötzlich, woran es liegt: Hier sind keine Touristen, sondern nur Einheimische unterwegs.

Zum ersten Mal kann ich mir in Ruhe die Waren ansehen: wieder jede Menge Galabijas und Wasserpfeifen, aber auch riesige Blechgefäße, in denen man Fuul kochen kann, und große Bürsten und Schwämme, die wie Tannenzapfen von den Buden herunterhängen.

Mona und Selim führen mich an einem alten Brunnenhaus vorbei und weiter zum Bazar der Messing- und Goldschmiede.

Ein Esel mit einem Karren voller Orangen versperrt uns den Weg. Wir schlängeln uns an ihm vorbei. Selim läuft voraus und kauft an einem Stand eine Papiertüte mit Nüssen. Genüsslich knabbernd und kauend laufen wir weiter.

»Und jetzt mach die Augen zu!«, sagt Mona und nimmt meine Hand.

Die Stimmen werden wieder etwas lauter. Ich stolpere blind hinter Mona her und versuche zu erraten, was sie mir zeigen will. Auf einmal steigen mir intensive Gerüche in die Nase: Das müssen Gewürze sein! Dann darf ich die Augen wieder aufmachen.

»Das ist mein Lieblingsgewürzstand«, sagt Mona.

Riesige Säcke stehen nebeneinander auf dem Boden, randvoll gefüllt mit Pfefferkörnern in allen möglichen Farben, mit Ingwer, Chili und vielen anderen Gewürzen, die ich auf den ersten Blick nicht erkenne. Zwei junge Händler stehen hinter den Säcken und warten auf Kunden.

Das muss ich einfach festhalten! Ich hole meine Kamera aus der Tasche und will drauflosfilmen, aber Selim hält mich zurück. »Bitte frag die Leute zuerst, ob sie einverstanden sind.«

»Oh, das wusste ich nicht«, sage ich.

Aber die Händler sind einverstanden, sie rücken zusammen und gucken ernst in die Kamera.

Als wir ein Stück von ihnen entfernt sind, erklärt Selim: »Einige Leute hier sind ziemlich arm und wollen nicht, dass man sie in ihrer ärmlichen Umgebung fotografiert oder filmt.«

Ich beiße mir auf die Lippen. »Klar, das kann ich verstehen.«

Selim und Mona führen mich von der Hauptstraße weg in ein Gewirr von Gassen. In einer ganz kleinen, engen Gasse, in der man die Häuser an einer Hand abzählen kann, bleiben sie stehen.

»Das ist die Midaq-Gasse«, sagt Selim. »Über die Leute hier hat Machfus einen Roman geschrieben: über den Kaffeehausbesitzer, die Brautwerberin, den Frisör, den Bonbonverkäufer, den Zahnarzt und so weiter. Natürlich sind es fiktive Figuren.«

»Da sind die Bewohner heute sicher stolz drauf, oder?«, frage ich.

Mona lacht. »Nein, ganz im Gegenteil! Machfus konfrontiert sie nämlich mit absoluten Tabus: vor allem mit Homosexualität und Prostitution.«

»Genau wie eure Mutter«, sage ich.

Mona und Selim nicken.

»Ja, nur ist Machfus ein Mann und hat die Tabus schon viel früher gebrochen, in einer Zeit, in der es kaum jemand gewagt hat«, sagt Mona.

Wir kehren wieder zur Hauptachse zurück und gehen weiter, bis das zweite Stadttor vor uns auftaucht, Bab Zuweila.

»Dahinter ist die einzige überdachte Marktgasse Kairos«, erklärt Selim, »der Bazar der Zeltmacher, mein Lieblingsbazar.«

Ich frage mich, was an Zelten denn so spannend sein soll.

Doch als wir den Bazar betreten, wird mir sofort klar, warum Selim ins Schwärmen gerät: Die Zelte sind in Wirklichkeit handgewebte Tücher mit wunderschönen Mustern, mit kunstvoll verschlungenen Blumen, Blättern und Ornamenten.

»Und daraus werden große Zelte gemacht?«, frage ich.

»Ja, zum Beispiel für Feste«, antwortet Mona. »Aber man kann die Stoffe auch für Kissen verwenden.«

Kissen ... Da kommt mir noch eine ganz andere Idee: So ein Tuch könnte man sich doch auch einfach umhängen! Plötzlich sehe ich Claire aus dem *Besuch der alten Dame* vor mir, eingehüllt in drei, vier Tücher auf einmal, um ihren großen Reichtum zu demonstrieren.

»Sind die Tücher teuer?«, frage ich.

Selim sagt mir die Preisspannen, die überraschend niedrig sind.

Spontan entscheide ich mich. »Ich kaufe ein paar Zelttücher!«

Selim nickt. »Soll ich dir beim Feilschen helfen?«

Dazu sage ich natürlich nicht Nein.

Selim und Mona kennen den Händler. Die drei begrüßen sich wie alte Freunde und setzen sich erst mal hin. Wir bekommen Tee und Selim und Mona plaudern eine Weile mit dem Händler, ohne die Tücher überhaupt anzusehen. Erst nach einer Weile steht Selim auf und fragt mich, für welche Stoffe ich mich interessiere. Ich zeige auf ein rotes, ein grünes und ein blaues Tuch. Alle haben ein ähnliches sternförmiges Muster.

Selim fängt an zu feilschen. Ich lausche den Stimmen und warte darauf, dass nun der harte Verhandlungskampf beginnt. Doch beide bleiben die ganze Zeit freundlich und werden sich schnell einig. Am Schluss zahle ich für die Tücher einen lächerlich niedrigen Preis.

Selig nehme ich die Tüte an mich und male mir aus, wie ich mit den Tüchern daheim vor dem Spiegel die Claire spielen werde.

»Habt ihr eigentlich keinen Durst?«, fragt Mona. »Wir sind jetzt schon drei Stunden unterwegs und waren noch in keinem einzigen Kaffeehaus!«

Waren es wirklich schon drei Stunden? Ich kann es kaum glauben. Die Zeit ist mir viel kürzer vorgekommen.

»Wie wär's mit einem Shisha-Café?«, sagt Selim und steuert auch schon ein Kaffeehaus in der Nähe an. Als ich mich setze, merke ich zum ersten Mal, dass meine Füße vom vielen Herumlaufen brennen.

Neugierig sehe ich mich um. Es sind fast nur Männer im Kaffeehaus. Sie sitzen an kleinen Metalltischchen, spielen Backgammon und rauchen blubbernd ihre Wasserpfeifen.

»Was willst du trinken?«, fragt mich Mona.

»Shai«, antworte ich, »aber bitte nur mit ganz wenig Zucker!«

Selim bestellt für mich Shai riha und für Mona und sich Shai masbut, Schwarztee mit einem ordentlichen Löffel voll Zucker, und eine Shisha, eine Wasserpfeife dazu.

Der Ober kommt mit einer großen Shisha an und gibt Selim ein abgepacktes Mundstück aus Plastik. Bald blubbert Selim vor sich hin und nebelt uns mit Vanilleduft ein.

»Magst du mal probieren?«, fragt er mich.

Ich will schon den Kopf schütteln, aber dann entscheide ich mich doch anders. »Ja, gerne.«

Gerade noch haben Selims Lippen das Mundstück berührt! Bei dem Gedanken wird mir schwindelig. Vorsichtig setze ich an und nehme einen Zug. Der Tabak ist ganz schön stark und schmeckt süß nach Vanille und scharf nach Holzkohle. Ich muss husten, Tränen steigen mir in die Augen.

Lachend nimmt Selim die Wasserpfeife wieder an sich. »Na, wie hat dir unser Ausflug gefallen?«

»Sehr gut«, sage ich. »Dass Kairo so schön sein kann, hätte ich nie gedacht.«

Mona und Selim werfen sich einen amüsierten Blick zu.

Dann sieht mir Selim tief in die Augen. »Kairo ist die Mutter der Welt! Und es gibt ein Sprichwort: Wer einmal Nilwasser getrunken hat, kommt immer wieder zurück. Das bedeutet, wer einmal in Kairo war, den lässt die Stadt nicht mehr los.«

»Genau das hat mein Vater auch gesagt«, fällt mir ein.

Selim lächelt. »Siehst du!«

Kapitel 8

Ich liege in einem Liegestuhl am Rand des Schwimmbeckens und lasse meine Haut von der Sonne trocknen. Mitte Oktober ist es noch mal richtig warm geworden. Und bei dreißig Grad und mehr gehe ich am liebsten in den Club, weil man es in der Stadt vor lauter Smog kaum aushält und unsere Wohnung sich auch total aufheizt.

Träge richte ich mich auf und gucke zur Reitbahn rüber. Mama hat neuerdings ihre Liebe zu Pferden entdeckt. Allerdings reitet sie nicht, sondern sitzt nur daneben und malt wie verrückt. Blass sieht sie aus. Seit dem Streit mit Papa malt sie noch mehr als früher. Ein paar Bilder sind richtig gut geworden, ich muss sie mal fragen, ob ich eins für mein Zimmer haben kann. Das Bild von der wunderschönen jungen Frau mit Kopftuch zum Beispiel. Ich hab sie gleich erkannt, sie arbeitet am Kiosk in der Schule.

Langsam gewöhne ich mich daran, dass auf der Straße viele Frauen mit Kopftuch rumlaufen. An den Lärm kann ich mich aber immer noch nicht gewöhnen. Richtig ruhig und friedlich ist es nur, wenn man in einer Moschee ist …

Selim! Ich hab so gehofft, dass wir uns bald wiedersehen, zu dritt oder zu zweit, ganz egal. Warum meldet er sich nicht? Seit zwei Wochen herrscht absolute Funkstille! War das wirklich alles? Wollte er nur nett zu mir sein und mich trösten, weil ich so einsam bin? Oder hat er einfach Fremdenführer gespielt?

Wenn ich nur in der Pause an ihn herankäme! Aber da ist er immer mit einer großen Gruppe unterwegs und Hanno ist auch dabei. Und der würde sofort misstrauisch werden und mich hinterher mit Fragen löchern.

Soll ich ihn anrufen? Nein, viel zu aufdringlich!

»Na, hast du schon einen Sonnenstich?«

Ich halte mir die Hand über die Augen. »Mariam, was machst du denn hier?«

»Na, hör mal, ich bin schon seit Jahren in diesem Club. Ich wohne schließlich gleich um die Ecke. Und du, wohnst du auch in Maadi?«

»Ja, wir haben hier eine Doppelhaushälfte.«

Mariam rückt einen Liegestuhl heran und setzt sich neben mich. Sie trägt einen schwarzen Badeanzug, der toll auf ihrer braun gebrannten Haut aussieht, und ohne Brille ist sie richtig hübsch.

»Das mit der Mathearbeit werde ich dir nie vergessen«, sage ich zu ihr. »Immerhin habe ich dir den einzigen Zweier meiner gesamten Mathelaufbahn zu verdanken.«

Mariam winkt ab. »Fang doch nicht wieder damit an. Wie geht es dir sonst so in der Schule? Musst du mehr lernen als in Deutschland?«

»Und wie! Früher dachte ich, unsere Schule in Deutschland ist hart. Aber jetzt ... Wie schafft ihr das eigentlich alles – und auch noch in einer fremden Sprache?«

Mariam zuckt mit den Schultern. »Die meisten kriegen nach der Schule noch private Nachhilfestunden. Ich auch, allerdings nur in Chemie, das ist mein Schwachpunkt. Und die Sprache ist bei den meisten kein Problem, viele sind ja zweisprachig aufgewachsen. Meine Mutter ist auch Deutsche und mein Vater Ägypter.«

»Privatstunden«, sage ich. »Da bleibt ja überhaupt keine Freizeit mehr übrig.«

»Kaum, das stimmt«, sagt Mariam. »In der Zwölften wird es dann noch schlimmer, wenn es aufs Abitur zugeht.«

Ich räkele mich auf meinem Liegestuhl. »Dabei gibt es doch wirklich wichtigere Dinge als die Schule!«

Mariam lacht. »Ach ja? Du meinst Jungs?«

»Wie kommst du denn darauf?«, frage ich.

Mariam dreht sich auf den Bauch. »Ach, nur so.«

»Bist du etwa verliebt?«

Mariam wird unter ihrer Bräune rot und schweigt.

»Du musst es mir nicht sagen.«

»Na ja, warum eigentlich nicht. Aber du wirst ihn nicht kennen, er geht in die elfte Klasse und heißt Nour.«

»Nour? Klar kenn ich den. Er ist mit mir in der Theater-AG.«

Mariam richtet sich auf. »Du Glückliche! Schade, dass ich nicht Theater spiele, das liegt mir einfach nicht. Und, wie spielt er so?«

»Sehr gut«, antworte ich. »Er hat sogar die Hauptrolle in unserem Stück gekriegt.«

»Wow!«, sagt Mariam. »Ich kenne ihn nämlich nur vom Sehen und die ägyptischen Jungs sind ja leider immer nur in Pulks unterwegs.«

»Wem sagst du das! Gibt es denn keinen Trick, wie man einen Jungen loseisen kann?«

Mariam schüttelt den Kopf. »Kannst du vergessen. Und selbst wenn du es schaffst, wirst du trotzdem nie erfahren, ob er dich auch mag.«

Das sind ja tolle Aussichten!

»Es gibt nur eine einzige Chance«, redet Mariam weiter.

Jetzt muss ich mich aufrichten. »Und die wäre?«

»Du brauchst einen Vermittler. Das muss aber schon ein guter Freund des Jungen sein. Dem verrät er vielleicht – aber nur ganz vielleicht –, dass er dich mag.«

»Ich könnte mir einen Schnurrbart ankleben«, sage ich.

Mariam kichert los. »Au ja, klasse Idee!« Dann guckt sie auf die Uhr. »Du, ich muss los, ich hab gleich Nachhilfestunde. Aber hättest du Lust, mich mal zu besuchen? Morgen zum Beispiel?«

»Ja, klar!«

Mariam schreibt mir ihre Adresse auf einen Zettel, dann steht sie auf und geht. Nach ein paar Metern dreht sie sich noch mal zu mir um und winkt.

Ich winke zurück. Mariam ist echt nett.

Als Mama und ich aus dem Club nach Hause kommen, herrscht sofort wieder dicke Luft. Mama verschwindet gleich in ihrem Zimmer, ohne wie sonst bei Papa reinzuschauen und ihn zu begrüßen. Und Papa sitzt vor dem Computer und raucht, obwohl er eigentlich seit einem halben Jahr aufgehört hat.

Ich stelle mich hinter ihn und gucke an ihm vorbei auf den Bildschirm. »Was schreibst du gerade?«

»Den bescheuerten Serviceteil von einem Reiseführer. Das dauert ewig und bringt kaum Kohle ein.«

»Warum machst du das dann?«, frage ich.

Papa wird laut. »Warum wohl? Weil es zum Auftrag dazugehört!«

»Hey, schrei mich nicht an!«

»Entschuldige«, sagt Papa, »aber ich bin mal wieder viel zu spät dran, morgen ist der Abgabetermin.«

Deswegen muss er noch lange nicht seine schlechte Laune an mir auslassen! Beleidigt ziehe ich mich zurück.

In der Küche stoße ich mit Hanno zusammen. Er hat sich einen Jogurt geholt und schlägt gerade mit voller Wucht die Kühlschranktür zu.

»Was ist los?«, frage ich. »Hat dich wieder eine Ägypterin abblitzen lassen?«

»Spar dir deine Kommentare! Nein, die Bandprobe ist schon zum zweiten Mal ausgefallen, weil zwei der Jungs einfach nicht aufgetaucht sind. Mann, so kann ich echt nicht proben!«

»Bei meiner Theater-AG ist es genauso. Entweder kommen sie gar nicht oder zu spät. Und wenn sie da sind, machen sie dauernd Blödsinn.«

»Ganz schön bescheuert, was?«, sagt Hanno.

Ich nicke. Wir sehen uns an und schweigen.

»War Selim auch nicht da?«, frage ich nach einer Weile.

Hanno schöpft zum Glück keinen Verdacht. »Nein, der war da. Aber er musste ganz pünktlich weg, weil er heute noch Geigenstunde hat.«

Plötzlich sehe ich Selim vor mir, Selim mit seiner Geige ...

Szene Vier; innen/Abend

KAIRO/DEUTSCHE SCHULE/AULA

Totale: Der Zuschauerraum ist voll besetzt, gespannte Erwartung und halblautes Tuscheln liegen über dem Saal.

Cut. Halbnah: Hinter der Bühne steht Chiara, eingehüllt in ihre Zelttücher. Sie lugt durch ein Loch im Vorhang und lässt ihn dann schnell wieder los. Neben sie tritt Selim, in einer roten, reich bestickten Galabija, seine Geige unter dem Arm.

Selim:
(leise)
Aufgeregt?
Chiara:
Sehr!
Selim:
Du schaffst das, ich weiß es.
Chiara:
Wenn ich nur auch so sicher wäre wie du.
Selim:
(umarmt Chiara und spuckt dreimal über ihre Schulter)
Das macht man nämlich so unter Schauspielern, bringt Glück.
Chiara:
(spuckt Selim dreimal über die Schulter)
Dir auch viel Glück!
Cut.

Totale: Die Bühne wird von zwei Scheinwerfern erleuchtet, einer in der Mitte, einer am rechten Bühnenrand. Ein Palmenhain, in der Mitte eine Bank, auf der ein Paar sitzt. Zoom auf Chiara und Nour.

Chiara:
(als Claire)
Alfred! Schön, dich zu treffen. Darf ich mich zu dir setzen?
Nour:
(als Ill)
Aber bitte.

Schwenk, Zoom auf den rechten Bühnenrand, dann auf Selim. Macro: Er klemmt die Geige unter sein Kinn und fängt an zu spielen, eine melancholische arabische Melodie. Schwenk zu Chiara und Nour.

Chiara:
Erzähl mir, wie ich war, mit siebzehn, als du mich liebtest!
Nour:
Du warst immer schnell und kraftvoll.
Chiara:
Das bin ich auch jetzt noch!
Nour:
(flüsternd)
Falscher Text!
Chiara:
Das ist der Text meines Herzens. Ich will mich nicht mehr an dir rächen, Alfred. Ich will diese Liebe endlich ruhen lassen.
Nour:
(lauter)
Chiara, was machst du?

Zeitlupe.
Halbnah: Chiara steht auf und geht auf Selim zu. Zoom auf Selims überraschtes Gesicht. Er hört auf zu spielen. Chiara bleibt dicht vor ihm stehen.

Chiara:
Aus Rache kam ich zurück nach Tanta, jetzt habe ich eine neue Liebe gefunden: dich. Lass uns zusammen nach Kairo gehen!

Selim:
(nimmt Chiaras Hand)
Ja, jetzt gleich!

Cut. Der Vorhang fällt. Schwenk über die Zuschauerreihen hinweg. Tosender Applaus. Schwenk zur Bühne, der Vorhang geht auf. Chiara und Selim verbeugen sich Hand in Hand. Der Vorhang fällt wieder. Schwenk hinter die Bühne. Selim zieht Chiara zu sich heran und küsst sie auf den Mund.

ENDE

Hanno wedelt mit den Händen vor mir rum. »Ich kann auch mit der Wand reden.«

»Entschuldige, was hast du gesagt?«

»Nichts Besonderes. Nur was von Selim, aber das regt dich wahrscheinlich eh bloß auf.«

Plötzlich bin ich hellwach. »Warum?«

»Na ja«, sagt Hanno. »Er hat erzählt, dass er mit Mona und dir im islamischen Viertel war.«

»Und?«

Hanno zögert. »Dann hat er noch irgend so einen Blödsinn verzapft, wie nett du zu ihm warst und dass er dich bestimmt bald rumkriegt und so.«

»WAS?«

»Genau das hab ich auch gesagt. Und dass du sowieso nicht auf Ägypter stehst. Natürlich hat er sich sofort entschuldigt. Hoffentlich ist er nicht so wie die anderen ägyptischen Jungs. Die bilden sich auch gleich sonst was ein, nur weil sie mal mit einem Mädchen über die Straße gegangen sind.«

Selim? Nein, das glaub ich einfach nicht. »Der wollte bestimmt nur 'nen coolen Spruch loslassen. Wahrscheinlich hast du ihm von deinen vielen Freundinnen in Deutschland vorgeschwärmt.«

Hanno zuckt mit den Schultern. »Weiß nicht, kann schon sein. Aber pass lieber auf, wenn du mit Ägyptern losziehst.«

»Spar dir die Sprüche!«, schreie ich ihn an. »Und lass mich bloß in Ruhe! Ich misch mich auch nicht in dein Leben ein!«

»Na hör mal, ich wollte es dir ja nur erzählen! Nun raste mal nicht gleich aus. Ist ja alles gut.«

Nichts ist gut!

Ich hasse meinen Bruder!!!

Er hat Selim bestimmt provoziert, sonst hätte der so was nie gesagt. Selim ist kein Aufreißer, das weiß ich ganz genau. Andernfalls hätte er sich nach unserem Spaziergang auch sofort wieder gemeldet. Warum sollte er zwei Wochen warten, wenn er mich eh nur ins Bett kriegen will? So ein Schwachsinn!

Hanno hat ihn aufgehetzt, so war's! Wahrscheinlich hat er den großen Verführer rausgekehrt und Selim wollte nicht blöd daneben stehen. Danke, Hanno! Das hast du prima hingekriegt. Falls sich Selim wirklich für mich interessiert hat, wird er jetzt bestimmt kein Wort mehr mit mir reden, weil es ihm oberpeinlich ist.

Und dann spielt sich Hanno auch noch als besorgter Papa auf, zum Kotzen! Aber das lasse ich mir nicht gefallen! Von Hanno schon gleich gar nicht.

Das ist *mein* Leben!

Lasst mich bloß alle in Ruhe, *alle!* Hanno, Mama, Papa und Doro.

Ja, Doro, viel Spaß mit deinem neuen Lover! Du hast ja jetzt eh keine Zeit mehr für mich. Soll ich dir was verraten: Ich hab auch keine Zeit mehr für *dich*! Wir reden doch schon seit Wochen nur noch oberflächliches Zeug. Genau wie Mama und Papa. Sie haben mir immer erzählt, dass man über alle Probleme miteinander reden soll, dass man sich gegenseitig vertrauen soll. Dabei vertrauen sie nicht mal sich selber. Das tolle Kairo war ja wirklich ein voller Erfolg für sie! Sie wollten doch noch freier werden und offener. Von wegen! Erst haben sie sich angekeift und jetzt schweigen sie sich nur noch an.

Cut!

Ich muss meinen eigenen Weg gehen. Alleine! Die anderen lassen mich ja sowieso alleine.

Ich hab alles verloren, Deutschland, Doro, Hanno, meine Eltern!

Es tut so weh!

*

»Chiara, komm doch rein!«

Bevor ich etwas sagen kann, drückt mir Mariam drei Küsse auf die Wange. Daran hab ich mich immer noch nicht richtig gewöhnt.

»Magst du einen Eistee?«, fragt sie.

»Gern.«

Mariam geht in die Küche und holt zwei Gläser und die Safttüte. »Lass uns in mein Zimmer gehen, ja?«

Ich folge ihr einen langen Flur entlang, am riesigen Salon und einem großen Wohnzimmer vorbei. Mariams Zimmer ist dagegen winzig – und außerdem stehen auch noch zwei Betten drin.

»Ich teile das Zimmer mit meiner kleinen Schwester«, sagt Mariam.

Ich sehe mich um. Auf Mariams Nachttisch stehen zwei Bilderrahmen: ein großes Bild von ihren Eltern und ein kleines von ihrer Schwester. Auf so eine Idee käme ich nie, außerdem würde ich bei einem Bild von Hanno bestimmt Albträume kriegen.

Ansonsten sieht ihr Zimmer fast so aus wie meins, mit jeder Menge Postern von Popstars und Filmen an den Wänden. Das Filmplakat von *Anatomie* mit Franka Potente ist auch dabei.

Wenn ich an den Film denke, krieg ich immer noch Gänsehaut. »Hast du den wirklich ganz angeguckt?«, frage ich Mariam.

»Klar«, sagt sie. »Ich hab keine Angst vor Blut und so. Das wäre auch ziemlich doof. Ich will nämlich Medizin studieren.«

Ich sehe sie bewundernd an. »Das wäre nichts für mich.«

»Dafür könnte ich nie Regisseurin werden«, sagt Mariam. »Ein toller Beruf, aber kommt man da nicht sehr schwer ran, besonders als Frau?«

»In Deutschland ist es einfacher als hier, es gibt da wirklich ein paar erfolgreiche Regisseurinnen. Trotzdem scheitern viele – auch Männer – schon an der Aufnahmeprüfung für die Filmhochschule.«

»Verstehe«, sagt Mariam. Dann lächelt sie mich an. »Ich glaub an dich: Du wirst bestimmt eine super Regisseurin.«

»Und du eine super Ärztin.«

Mariam sieht auf einmal traurig aus. »Ja, wenn ich nur länger als Ärztin arbeiten könnte!«

»Warum solltest du das nicht können?«, frage ich.

»Weil meine Eltern mich möglichst bald nach dem Studium verheiraten wollen.«

Mir bleibt die Luft weg. »Du meinst eine arrangierte Ehe?«

Mariam nickt. »Mein Vater ist sehr streng und findet, dass eine Frau vor allem Mutter sein sollte. Deswegen wird er auch extra einen Mann für mich suchen, der mich nicht außer Haus arbeiten lässt.«

»Und dagegen wehrst du dich nicht?«

Mariam guckt mich verständnislos an. »Er ist mein Vater. Ich könnte nie etwas tun, was er nicht gut findet. Und ich vertraue ihm. Er wird bestimmt eine Familie aussuchen, die gut zu unserer passt.«

»Familie?«, frage ich nach. »Was hat die Familie denn mit Liebe zu tun?«

»Alles!«, sagt Mariam. »Wenn ein Paar heiratet, verbinden sich zwei Familien miteinander. Die Liebe kann schnell vergehen, aber die Familie bleibt.«

Das glaub ich einfach nicht. »Aber du hast mir doch gestern erst erzählt, dass du dich in Nour verliebt hast. Wenn du jetzt älter wärst, würdest du ihn dann nicht heiraten wollen – aus Liebe?«

»Wollen schon«, sagt Mariam. »Ich würde natürlich versuchen, meinen Vater zu überreden, aber ...«

»... aber wenn er Nein sagt, würdest du Nour sofort den Laufpass geben.«

Mariam nickt. »Das kannst du nicht verstehen, oder? Du glaubst an die Liebe wie bei Romeo und Julia.«

»Ja, ja, ja! Natürlich möchte ich nicht sterben wie die arme Julia, aber ich möchte eines Tages meine große Liebe treffen und meinetwegen heiraten und glücklich werden. Aber meinen Job würde ich nie und nimmer aufgeben.«

Mariam nimmt einen Schluck von ihrem Eistee. »Vielleicht hast du Recht. Ich will wirklich als Ärztin arbeiten, das hab ich meinem Vater eigentlich nie so richtig gesagt.«

»Dann kämpf drum!«

Mariam nickt. »Okay, aber jetzt lass uns von was anderem

reden, ja? Wie läuft es denn in der Theater-AG? Welche Rolle hast du eigentlich?«

»Ich bin die Frau von Nour, das heißt von Ill.«

Beim Namen Nour zuckt Mariam leicht zusammen. »Ist das eine große Rolle?«

»Nein, ich hab nur drei oder vier Auftritte.«

»Und warum wehrst du dich nicht dagegen?«, fragt Mariam. »Du möchtest doch eine größere Rolle, oder? Das sehe ich dir an der Nasenspitze an.«

Ich werde rot. »Nein, das heißt, ja, vielleicht, aber ich kann doch nicht einfach mitten in der Probenzeit hingehen und sagen, ich will lieber was anderes spielen.«

»Warum nicht? Kämpf drum!«, sagt Mariam.

»Okay«, sage ich. »Aber jetzt lass uns von was anderem reden, ja?«

Mariam fängt an zu lachen und steckt mich damit an.

Kapitel 9

Eine Woche später, bei der nächsten Theaterprobe, trommelt uns Frau Schweiger gleich am Anfang zu einem Krisengespräch zusammen.

»So kann es nicht weitergehen, Leute. Ich hab mir das jetzt zwei Monate angeschaut: Die meisten von euch kommen ständig zu spät und haben noch keinen einzigen Blick in ihren Text geworfen. Yasmin, bei dir finde ich es besonders schlimm, weil du die Hauptrolle spielst.«

Yasmin will protestieren, aber Frau Schweiger schneidet ihr das Wort ab.

»Wir haben noch ein hartes Stück Arbeit vor uns und das Schuljahr ist kurz. Wenn ihr nicht endlich anfangt zu lernen und zu proben, blase ich das Stück ab und wir führen nur ein paar alberne Sketche auf.«

Sie hat Recht, die Unzuverlässigkeit der anderen nervt mich auch total, besonders, weil ich immer pünktlich bin. Aber dass sie gleich so hart durchgreifen würde, damit hab ich nicht gerechnet.

Die anderen auch nicht. Alle machen bestürzte Gesichter und reden durcheinander.

»Bitte nicht, Frau Schweiger!«

»Wir mussten so viel lernen, wir hatten keine Zeit.«

»Aber jetzt wird alles besser, versprochen!«

»Wir lieben das Stück, wir wollen es unbedingt spielen!«

»Wir lernen auch den Text.«

»Und wir kommen auch pünktlich.«

Frau Schweiger lächelt. »Okay, okay, es freut mich, dass ihr vom Stück so begeistert seid, aber ohne Disziplin geht es wirklich nicht. Ich muss mich auf euch verlassen können.«

Sofort gehen wieder die Beteuerungen los.

»Ist ja gut«, sagt Frau Schweiger. »Wir machen weiter, aber nur unter einer Bedingung: Wir besetzen die größeren Rollen dreifach. Wenn jemand von der ersten Besetzung im nächsten Monat unzuverlässig ist, ersetze ich ihn durch die zweite und notfalls auch durch die dritte Besetzung.«

Bei den Worten der Lehrerin sehe ich zu Yasmin hinüber. Sie schnappt nach Luft, dann springt sie auf. »Frau Schweiger, ich hab da eine andere Idee ...«

Doch Frau Schweiger schüttelt den Kopf. »Nein, Yasmin, ich hab mich schon entschieden. Das ist die beste Lösung, ich weiß das aus Erfahrung.«

Wütend setzt sich Yasmin wieder hin.

»So, dann hätten wir das geklärt«, sagt Frau Schweiger. »Jetzt müssen wir nur noch die Zweit- und Drittbesetzungen verteilen. Wer möchte denn den Ill spielen?«

Rami und Youssef melden sich gleichzeitig. Frau Schweiger lässt sie noch mal auf die Bühne kommen, und weil Youssef wieder die ganze Zeit herumalbert, kriegt Rami die Zweitbesetzungsrolle. Die Drittbesetzung geht an Daniel, weil sich sonst keiner zur Verfügung stellt.

»Und wie sieht es mit der Claire aus?«, fragt Frau Schweiger.

»Ich würde sie gerne spielen!«, sagt Katharina.

Frau Schweiger guckt in die Runde und alle nicken. Katharina bekommt die Rolle, ohne noch mal extra vorspielen zu müssen.

Plötzlich sieht Frau Schweiger mich an. »Wie wäre es mit dir, Chiara? Hast du Lust, die Drittbesetzung zu übernehmen?«

Mein Herz klopft schneller und vor meinen Augen flimmert mein Kurzfilm mit Selim vorbei. »Hm, ja, Lust hätte ich schon«, antworte ich schließlich.

»Dann komm doch noch mal kurz auf die Bühne«, sagt Frau Schweiger.

Klar, von Katharina ist sie von vornherein überzeugt, aber von mir nicht!

»Was soll ich spielen?«, frage ich.

»Egal«, sagt Frau Schweiger. »Was du willst. Nur eine kleine Passage.«

Fieberhaft gehe ich im Kopf das Stück durch. Als mir nichts einfällt, starre ich in die Runde. Katharina fängt meinen Blick auf und sieht mich spöttisch an. Da weiß ich plötzlich, was ich vorsprechen werde. Von dieser Katharina lasse ich mich nicht verrückt machen, ich will eine faire, gerechte Entscheidung!

Ich gehe auf die Bühne und mache so lange die Augen zu, bis ich Claires starken Willen und ihre Kraft spüren kann. Dann mache ich die Augen wieder auf und balle meine Fäuste.

»Das Leben ging weiter, aber ich habe nicht vergessen. Weder Mohammeds Scheune noch die weiße Wüste, noch die Kammer der alten Witwe, noch deinen Verrat, Ill. Nun sind wir beide alt geworden. *Du* hast dein Leben gewählt und *mich* in das meine gezwungen. Vorhin wolltest du die Zeit aufheben, nun habe *ich* sie aufgehoben und nun will ich Gerechtigkeit, Gerechtigkeit für zwei Milliarden.«

Alle klatschen, klatschen richtig laut. Mit rotem Kopf gehe ich von der Bühne.

»Der Applaus spricht für sich«, sagt Frau Schweiger. »Gratuliere, Chiara, du hast die Rolle.«

Es dauert, bis ihre Worte bis zu meinen Gehirnzellen vorstoßen, aber dann strömt eine große Wärme durch meinen Körper – und die kommt nicht von der stickigen, heißen Luft in der Aula.

»Siehst du, Mariam«, flüstere ich. »Ich hab gekämpft!«

Kairo, 23. Oktober

Ich muss das jetzt einfach aufschreiben!!!

Früher wäre ich zu Doro gefahren und hätte ihr alles erzählt oder ich hätte ihr wie in meiner ersten Zeit in Kairo eine Mail geschrieben. Das ist vorbei, so gut wie vorbei. Klar, wir mailen uns noch ab und zu und tauschen uns aus, aber es bleibt so dermaßen an der Oberfläche, dass ich genauso gut ganz darauf verzichten könnte.

Was ist passiert?

Ich hab eine Rolle bekommen!!! Nicht irgendeine Rolle, nein, *meine* Rolle, die ich mir so gewünscht habe. Klar, es ist nur die Drittbesetzung und die Wahrscheinlichkeit, dass ich bei der Aufführung die Claire spielen werde, ist gleich null. Aber das macht mir überhaupt nichts aus. Das Wichtigste ist: Ich hab mich getraut vorzuspielen, trotz Lampenfieber und obwohl Katharina mich verunsichern wollte. Und ich war gar nicht schlecht, das hab ich selbst gespürt, auch ohne den Applaus der anderen.

Es tut so gut, so wahnsinnig gut!!!

Ich werde jetzt jeden Tag meinen Text lernen, egal, wie viele Hausaufgaben wir aufhaben. Und wer weiß? Vielleicht ist Yasmin weiterhin so unzuverlässig und Katharina könnte ja auch mal bei einer Probe krank sein, oder? Ich würde gern mit Nour spielen, er ist anders als die meisten Ägypter, nicht so laut, nicht so oberflächlich. Selim ist auch anders. Ich spüre es, egal, was Hanno über ihn erzählt hat. Wer weiß? Vielleicht hat Hanno ja sogar gelogen, um sich mir gegenüber aufzuspielen. Inzwischen traue ich ihm alles zu.

Selim! Warum kann ich ihn nicht vergessen?

Er war der Erste hier, der mich verstanden hat. Mariam versteht mich auch, aber nicht so wie er. Sie lebt in ihrer eigenen Welt, einer Welt, die mir fremd ist. Bei ihrer Familie scheint die Zeit stehen geblieben zu sein, in alter Tradition und Religion, in Regeln und Verboten. Mariam darf nicht mal alleine Taxi fahren, weil ihr Vater Angst hat, der Taxifahrer könnte sie begrapschen! Ist das nicht schrecklich?

Aber bei Selims Familie hatte ich nie den Eindruck, dass sie stehen geblieben sind. Selim, Mona, ihre Mutter, sie kämpfen gegen die konservative Gesellschaft an, sie haben Träume, Ziele. Sie sind alle so stark!

Hat Selim Angst vor einem Date allein mit mir? Quatsch! Hat er keine Zeit? Für Hanno hat er doch auch Zeit. Sie haben sich nun schon öfter mit der Band getroffen. Warum trifft er sich nicht mit mir???

Ich muss von Selim loskommen. Ich darf mir keine Hoffnungen machen. Das sagt sich so leicht: keine Hoffnungen! Wo ich doch sowieso nichts Schönes hier habe, außer dem Theater und den Gesprächen mit Mariam.

In der Schule fühle ich mich immer noch nicht wohl. Dina und Youssef ziehen mich ständig auf und ihre Freunde machen auch schon mit. Ich wehre mich zwar immer, aber sie lassen es trotzdem nicht bleiben. Und die deutsche Clique nervt auch bloß. Meike und ich gehen uns meistens aus dem Weg. Manchmal weiß ich nicht, was schlimmer ist: die Sticheleien oder die Blödheit der deutschen Tussis!

Selim, wo bist du? Du fehlst mir, du fehlst mir so!

Schluss damit! Jetzt sehe ich mir *Notting Hill* an, um mich schon mal drauf einzustimmen, wie es ist, ein großer Filmstar zu sein. (Kleiner Scherz!)

Gerade als ich den letzten Satz schreibe, klopft es an der Tür.

»Chiara, kann ich kurz reinkommen?«, fragt Mama und steht schon im Zimmer.

Ich schließe schnell meine Datei. »Was gibt's denn?«

»Ich hatte für morgen zwei Kolleginnen aus der Schule eingeladen, zum Grillen. Aber die haben leider abgesagt. Hast du Lust, ein bisschen zu feiern?«

»Hm, weiß nicht.«

»Überleg's dir, ja? Ich würd mich freuen.«

Ich sehe sie genauer an. Die Ringe unter ihren Augen werden immer größer ...

»Hanno hat nämlich keine Zeit und Papa ist leider auch nicht da«, sagt Mama.

Ach so! Ich soll Papa ersetzen, weil er sie mal wieder im Stich lässt. Tut mir Leid, Mama, ich bin nicht dein Trostpreis!

Kairo, 6. November

Ich hoffe immer noch, dass Selim auf mich zukommt, aber er tut es einfach nicht.

Vergiss ihn, Chiara, forget about him!

Aber wie soll ich ihn vergessen, wenn Hanno mir die ganze Zeit vormacht, wie es ist, glücklich zu sein? Seit einer Woche geht er mit Meike – ausgerechnet mit der! Wenn sie bei uns ist, sagt sie nur kurz hallo zu mir und fällt dann sofort Hanno um den Hals, um ihn abzuknutschen. Am liebsten würden die beiden auch in der Pause herumknutschen, aber das ist zum Glück verboten. In Kairo ist öffentliches Küssen tabu, auf der Straße sowieso und in der Schule auch.

Ich will ja gar keinen Kuss von Selim, ein Lächeln würde mir schon genügen.

Warum bin ich Luft für ihn?

Kairo, 19. November

Heute bin ich alleine zum Ramses-Bahnhof gefahren und hab noch mal unseren Spaziergang durch die islamische Altstadt gemacht. Es war lange nicht so schön wie mit Mona und Selim, aber ich habe alle Orte sofort wieder gefunden. Und ich hab mir sogar eine Tüte Nüsse gekauft, am selben Stand.

In der Hakim-Moschee war ich fast eine Stunde, ohne Kamera! Erst war es ganz still und dann, irgendwann, kam der Ruf des Muezzin, natürlich durch den Lautsprecher und ziemlich blechern. Aber es ist komisch: Inzwischen mag ich den Ruf, diese lang gezogenen Silben: »Allahu akbar!«
Es liegt so viel Sehnsucht darin und Hoffnung.

Ich will doch noch mal versuchen, die Kairo-Trilogie zu lesen. Wenn Selim sie gut findet …

Als ich dann den Männern beim Beten zugesehen habe, hab ich mir vorgestellt, Selim würde da auch knien.

Ja, ich weiß, so komme ich nie von ihm los! Aber je länger ich ihn nicht spreche, umso mehr sehne ich mich nach ihm, ich kann nichts dafür!

Ich wünschte, ich wäre so vernünftig wie Mariam. Die hat sich von Nour systematisch entliebt, wie sie mir selbst gesagt hat. Sie lernt jetzt wie eine Wahnsinnige, um noch bessere Noten zu kriegen und später mal ein Stipendium, damit ihr

Vater merkt, wie ernst es ihr mit ihrem Beruf ist. Hoffentlich hilft es was!

Für mich hat sie leider kaum noch Zeit, aber wenigstens sind wir in der Schule zusammen.

Ende nächster Woche ist ein großes Sportfest an der Schule. Vielleicht sehe ich da Selim …

*

Heute ist es endlich so weit: der Klaus-Heller-Lauf, *das* Sportereignis des Jahres. Alle Schüler machen mit, von der ersten bis zur zwölften Klasse. Wir müssen drei Runden rennen.

Als ich mit Mariam zur Aschenbahn komme, ist der Staffellauf schon voll im Gang. Die Grundschüler drehen gerade ihre Runde, das heißt, sie versuchen es, denn die Schüler aus der Zwölften haben sich verkleidet, machen Blödsinn und blockieren ständig die Bahn.

Ich kann Selim nirgends entdecken, hoffentlich ist er nicht krank!

Da pfeift ein Lautsprecher. Auf der Wiese in der Mitte der Aschenbahn baut eine Band ihre Instrumente auf, Hannos Band! Selim hängt sich gerade die Gitarre um und zupft ein paar Saiten an. Die Töne treffen direkt in mein Herz. Was mach ich bloß, wenn er zu mir hersieht?

Mariam klopft mir auf die Schulter. »Träumst du?«

»Nee, wieso?«

Die Grundschüler verlassen die Bahn. Jetzt sind wir dran.

Ich werde einfach die ganze Zeit auf den Boden starren, dann kann nichts passieren.

»Auf die Plätze, fertig, los!«, ruft Frau Lutz.

Ich laufe und konzentriere mich auf meinen Puls und meinen Atem. Na also, geht doch!

Da setzt die Musik ein, mit einem arabisch angehauchten Popsong. Die Verstärker sind so laut aufgedreht, dass es nur so dröhnt und scheppert. Dina und Youssef fangen an, laut und begeistert – und ziemlich falsch – mitzusingen.

Ich zwinge mich, nicht hinüber zur Band zu sehen. Nach ein paar Metern merke ich, dass ich im Takt der Musik laufe. Der Refrain ist vorbei, jetzt kommt ein Gitarrensolo, das muss Selim sein! Ich mache die Augen zu und stelle mir vor, dass er dieses Solo nur für mich spielt. Sobald ich die Augen wieder auf habe, beiße ich mir auf die Lippen. Chiara, hör endlich auf damit, dir was vorzumachen!

Während unserer ganzen drei Runden spielt Hannos Band. Als wir völlig erschöpft am Ziel ankommen, spielen sie einen Tusch. Extra für uns? Jetzt muss ich doch einen Blick riskieren. Ich suche Hanno, doch stattdessen treffen meine Augen Selims Augen. Schnell sehe ich wieder weg.

Die Band verstummt.

Da stupst mich Mariam an. »Kennst du den? Ich glaub, der will zu dir.«

»Was?«

Da sagt plötzlich eine vertraute Stimme: »Hallo, Chiara!«, und Selim steht vor mir!

»Hallo«, bringe ich heraus.

Mariam räuspert sich. »Ich hol uns mal was zu trinken.« Und schon ist sie weg.

»Hat dir die Musik gefallen?«, fragt Selim.

Ich weiche seinen Augen aus und nicke. »Ja, war nicht schlecht, obwohl ich eigentlich arabische Musik nicht mag.«

Selim lächelt. »Immer noch Erdbeben bei dir?«

Er hat unser Gespräch nicht vergessen!

»Nein, aber es wackelt schon noch ziemlich«, sage ich.

»Dann sollten wir unbedingt was dagegen tun. Hast du heute Abend Zeit?«

Mein Herz klopft bis zum Hals. »Ja, wieso?«

»Ich hab eine Karte für die Oper übrig. Mein Vater hat keine Zeit, er muss zu einem Termin.«

Eigentlich hab ich noch nie an Wunder geglaubt. Aber ab heute tue ich es.

»Magst du Opernmusik nicht?«, fragt Selim.

»Doch, doch«, sage ich schnell. »Welche Oper ist es denn?«

»Aida.«

»Ich glaube, ich hab die Oper mal im Radio gehört. Die spielt doch im Alten Ägypten, oder?«, frage ich ihn.

Selim lächelt schon wieder. »Ja, genau. Ich mag Verdis Musik, sie ist so leidenschaftlich. Genau wie die Handlung der Oper, die ist auch sehr leidenschaftlich.«

Warum betont er das so? Flirtet er etwa mit mir?

Doch Selim sieht mich so ernsthaft an, als ob er mir gerade eine Matheaufgabe erklären würde.

»Wo ist denn das Opernhaus?«, frage ich, um irgendwas zu sagen.

»Auf der Insel Gezirah. Das ist ganz zentral, du kannst mit der U-Bahn hinfahren, die Station heißt auch Gezirah. Am besten treffen wir uns vor dem Haupteingang der Oper um Viertel vor acht. Okay?«

»Okay.«

»Also bis heute Abend.«

»Ich freu mich schon, deine Mutter und Mona wiederzusehen«, schicke ich noch schnell hinterher – und hoffe, dass die beiden nicht mitkommen.

Selim nickt. »Sie freuen sich bestimmt auch.«

Dann geht er.

Seine Worte versetzen mir einen Stoß. Ich hätte es wissen müssen. Er wird nie ein Date mit mir alleine ausmachen. Immer wird seine Familie mit dabei sein. Von wegen rumkriegen! Hanno hat echt keine Ahnung. Dazu ist Selim viel zu anständig – leider …

»Hier, ich hab dir Wasser mitgebracht«, sagt Mariam. »Was ist denn mit dir los? Ist dir schlecht vom Laufen?«

»Nein.«

»Irgendwas hast du doch!«

Ich winke ab. »Lass uns von was anderem reden, ja?«

Das ist inzwischen zu einem Standardspruch zwischen uns geworden, wenn eine von uns ein Problem hat, über das sie gerade nicht reden will.

Mariam nickt. »Wie du willst. Aber neugierig bin ich schon.«

Manchmal hat es eindeutig Vorteile, einen Journalisten zum Vater zu haben, der seine riesige Bibliothek um die halbe Welt transportiert. In der U-Bahn auf dem Weg zur Oper lese ich mir die Handlung von *Aida* in Papas Opernführer durch.

Aida ist mir sofort sympathisch: eine Sklavin, die in ein fremdes, feindliches Land verschleppt wird, nach Ägypten, und sich ausgerechnet in einen ägyptischen Feldherrn verliebt. Natürlich kann das nicht gut gehen …

Ich erkenne sofort eindeutige Parallelen zu mir und Selim. Schließlich wurde auch ich nach Ägypten verschleppt – zwar nicht von einem Sklaventreiber, sondern von meinen Eltern, doch das macht kaum einen Unterschied, weil auch ich nicht wirklich gefragt wurde. Und Selim ist zwar kein Feldherr, aber eindeutig Ägypter. Trotzdem will ich nicht mit ihm lebendig begraben werden!

Vor lauter Lesen verpasse ich beinahe meine Station. Schnell stopfe ich den Opernführer in meine Handtasche und springe auf. Draußen auf der Straße ist es stockdunkel, doch schon von weitem leuchtet mir ein großer, braun-orangefarbener Bau mit einer abgeflachten Kuppel entgegen. Das muss die Oper sein! Kurz darauf komme ich in einen Strom von Leuten in Abendkleidern, die auf das Gebäude zugehen, und lasse mich mittreiben. Als ich den modernen Innenhof mit der schlichten Säulengalerie betrete, klopft mein Herz schneller.

Und da ist Selim! Mit den Karten in der Hand winkt er mir zu. Am liebsten würde ich auf ihn zu rennen, aber natürlich beherrsche ich mich.

Selim guckt mein lilafarbenes Kleid an und sagt: »Ich wünsche dir einen blumigen Abend, Chiara! Tolles Kleid, es erinnert mich an blühenden Jasmin.«

Ich werde sofort rot.

Mona lacht. »Heute übertrifft sich Selim wieder mal selbst. Hallo, Chiara, schön, dass du trotz dieses verrückten Typen gekommen bist!« Dann begrüßt sie mich mit drei herzlichen Küssen auf die Wangen.

Als ich ihre drei Küsse erwidere, fange ich über Monas Schulter hinweg den Blick von Selim auf. Seine Augen strahlen mich an.

Mein Gesicht brennt. Verwirrt löse ich mich aus Monas Armen, da bekomme ich schon wieder Küsse, diesmal welche, die nach einem wundervollen Parfüm duften.

»Ahlan we salahn, Chiara!«, sagt Selims Mutter. Sie trägt ein atemberaubendes, bodenlanges Kleid aus blauer Seide mit lauter winzigen Pailletten, die unter den Lampen des Eingangs wie Sterne funkeln.

»Tausend Dank für die Einladung«, antworte ich.

Frau Rashwan schüttelt den Kopf. »Hör auf! Es ist eine Ehre für uns, dass du uns begleitest. Kommt, lasst uns reingehen!«

Selim geht voraus zur Garderobe.

Mona hakt sich bei mir unter. »Es ist ja ewig her, dass wir zusammen im islamischen Viertel waren. Das müssen wir unbedingt bald mal wiederholen und dann zeige ich dir …«

Sie redet und redet und ich nicke ihr zu, während meine Gedanken nur um eins kreisen: Warum hat Selim mich so angestrahlt? Warum hat er mir dieses wunderbare Kompliment gemacht? Weil er mich einfach nett findet und hübsch und nichts weiter? Oder weil er … weil er … Ich traue mich nicht, den Satz zu Ende zu denken.

»Darf ich dir aus der Jacke helfen?«, fragt Selim.

Seine Hände berühren mich nur ganz leicht an der Schulter, doch sofort rieseln Schauer wie Sandkörner über meinen Rücken.

»Danke«, sage ich leise.

Erst jetzt fällt mir auf, dass Selim einen dunkelblauen Anzug mit einer weinroten Krawatte trägt. Damit sieht er richtig vornehm und mindestens zwei Jahre älter aus.

Frau Rashwan und Mona ziehen mich zur Freitreppe, die sich wie eine glitzernde Spirale nach oben windet. Der Teppich auf den Stufen schluckt unsere Schritte. Beim Eingang zum Parkett reißt ein freundlicher Mann unsere Karten ab und spricht ein paar Worte auf Arabisch.

»Viel Vergnügen!«, übersetzt Mona für mich.

Ja, das werde ich bestimmt haben!

Der Innenraum ist ganz in Rosa gehalten: rosa Wandbespannung, rosa Decke, rosa Vorhang und als Krönung ein riesiger Leuchter in Blütenform. Es ist schrecklich kitschig, aber trotzdem wunderschön.

Als wir unsere Plätze suchen, bete ich darum, dass ich zufällig neben Selim lande, aber so viele Wunder an einem Abend kann es wohl nicht geben. Mein Platz ist zwischen Mona und Selims Mutter.

Frau Rashwan gibt mir das Programmheft. »Heute singt meine Lieblingssopranistin: Sie ist erst zwanzig und hat eine Stimme wie die Callas.«

»Klingt toll«, sage ich.

Da beugt sich Selim zu mir herüber. »Schau mal in den Orchestergraben. Siehst du den großen Geiger mit den langen braunen Haaren und der Brille?«

»Ja, ich hab ihn. Was ist mit ihm?«

»Das ist mein Geigenlehrer«, sagt Selim.

»Der sieht aber gar nicht wie ein Ägypter aus.«

Selim lächelt. »Ist er auch nicht, er kommt aus Polen. Das Orchester ist ziemlich international.«

»Und, ist er nett, dein Lehrer?«, frage ich.

Selim verzieht den Mund. »Nett schon, aber leider ziemlich streng.«

Mona boxt ihm in die Rippen. »Das ist auch gut so, sonst würdest du überhaupt nicht üben, Brüderchen.«

»Was fällt dir ein?«, wehrt sich Selim.

»Schluss jetzt, Kinder!«, sagt Frau Rashwan. »Ich hatte gerade einen Streit am Set, das reicht mir für heute.«

In dem Moment geht das Licht aus und der Vorhang auf. Die Stimmen im Saal werden leiser, aber einige reden einfach weiter. Nach einer Weile fällt es mir gar nicht mehr auf. Ich versinke in der Welt von Aida und Radames.

Es ist wie ein Rausch: Mal schwellen Orchester und Chor wie die Fluten des Nils an, mal schweben die Geigen mit Aidas Stimme in den Himmel. Als sie die Arie singt: »O Vaterland, ich seh dich nimmerdar!«, würde ich sie am liebsten sofort von der Bühne holen und ins Flugzeug nach Äthiopien setzen.

Obwohl ich weiß, wie die Geschichte ausgeht, hoffe ich bis zum Schluss, dass Radames und Aida doch nicht sterben müssen. Sie müssen aber! »Leb wohl, o Erde, o du Tal der Tränen!«, singen sie in ihrem letzten Duett. Na toll, jetzt fange ich auch noch an zu heulen.

Plötzlich raschelt es neben mir. Eine Hand hält mir ein Taschentuch hin. Selims Hand! Als ich das Taschentuch nehme, sehe ich, dass auch er geweint hat.

Kairo, 30. November

Ich muss unbedingt noch schreiben, obwohl es schon nach Mitternacht ist.

Der Abend war ein Traum! Ich kam mir vor wie Julia Roberts in *Pretty Woman*, als sie zum ersten Mal in ihrem Leben in die Oper geht.

Ich bin glücklich, glücklich, glücklich!

Die Melodien summen noch in meinem Kopf, zusammen mit Selims Worten: Ich wünsche dir einen blumigen Abend, Chiara! Tolles Kleid, es erinnert mich an blühenden Jasmin.

Bin ich schön? Ja!!!

Seit ich mich durch deine Augen sehe, fühle ich mich noch schöner.

Selim, ich weiß nicht, ob du mich liebst oder nicht. Aber eines weiß ich: Diesen Abend werde ich niemals vergessen.

Nie!!!

Kapitel 10

Ich sitze in meinem Zimmer und kaue an meinem Kugelschreiber herum. Nur noch zwei Wochen Schule und dann sind schon Weihnachtsferien! Als Kind konnte ich es immer kaum erwarten, bis Weihnachten war. Heute wünschte ich, es würde sich noch ewig hinziehen. In den Ferien werde ich Selim kaum sehen. Und jetzt hat er sich auch schon wieder eineinhalb Wochen nicht gemeldet. Bis auf ein paar Worte auf dem Schulhof haben wir nichts miteinander geredet. Ich werde noch wahnsinnig!

Und was hilft am besten gegen Wahnsinn? Physik! Ja, ich werde mich mit ein paar Formeln über Eiskristalle abkühlen.

Gerade als ich mein Physikbuch aufschlage, klingelt es unten an der Haustür. Wer kann das denn sein? Meine Eltern sind in der Stadt (ausnahmsweise zu zweit!) und Hanno wollte erst später kommen.

Seufzend stehe ich auf und gehe nach unten.

Vor der Tür steht Meike. Die hat mir gerade noch gefehlt!

»Lässt du mich rein oder muss ich draußen warten?«, fragt sie.

»Hanno ist noch nicht da«, antworte ich und gebe ihr den Weg frei.

Meike zuckt mit den Schultern. »Dann werfe ich mich halt aufs Sofa, bis er kommt. Habt ihr zufällig eine Cola im Kühlschrank? Ich sterbe vor Durst.«

Jetzt will sie auch noch, dass ich sie bediene! Wütend gehe ich zum Kühlschrank, hole eine Dose raus und knalle sie vor ihr auf den Couchtisch.

»Oh, danke!«, sagt Meike. »Ich wusste gar nicht, dass so viel Leidenschaft in dir steckt. Kommt das vom Theaterspielen?«

»Lass mich einfach in Ruhe, ja?« Ich verziehe mich in Richtung Treppe.

Meike pfeift durch die Zähne. »Wow! Dann hatte Selim also doch Recht.«

Ich drehe mich auf dem Treppenabsatz um. »Womit?«

Meike öffnet die Coladose und betrachtet danach intensiv ihre lackierten Nägel, ob auch ja kein Lack abgeblättert ist. Antworten tut sie mir allerdings nicht.

»Woher kennst du Selim überhaupt?«, frage ich weiter.

»Na, von Hannos Band natürlich«, sagt Meike. »Ich war schon öfter bei den Proben dabei.«

»Ach so, klar.«

Betont lässig setze ich mich neben Meike aufs Sofa. Sie darf auf keinen Fall merken, was mir Selim bedeutet, sonst erzählt sie es morgen an der ganzen Schule herum.

Meike lächelt süßlich. »Eigentlich sollte ich dich ja beneiden, dass Selim auf dich steht. Er sieht wirklich gut aus, aber Hanno gefällt mir noch besser.«

»Ich hol mir auch eine Cola«, sage ich und verschwinde schnell in der Küche, um meinen hämmernden Kopf an die Kühlschranktür zu pressen. Selim steht auf mich!

Als ich zurückkomme, habe ich mich wieder einigermaßen im Griff und Meike erzählt endlich weiter:

»In der letzten Probe lief es nicht so gut. Da hat Selim die anderen angemotzt, sie sollten endlich mal versuchen, mit Herz und Seele zu spielen, mit Leidenschaft. Bei guter Musik müsse man die Leidenschaft spüren, ganz tief in sich drin. Die hätten nur ganz wenige Leute, *du* zum Beispiel.«

Mir bleibt die Luft weg.

»Hanno war richtig sauer auf Selim«, sagt Meike und grinst. »Er hat ihn angemacht, er soll dich bloß aus dem Spiel lassen. Es ginge hier um die Band …«

Das war ja klar.

Meike lacht auf einmal laut los. »Er hat nicht mal gemerkt, dass Selim sich geoutet hat. Er ist richtig rot dabei geworden.«

»Männer!«, sage ich so cool wie möglich.

»Und, was wirst du jetzt machen?«, fragt Meike. »Gibst du Selim eine Chance?«

Da dreht sich zum Glück ein Schlüssel in der Haustür und Hanno kommt ins Wohnzimmer herein.

Ich stehe auf. »Na, dann will ich euch mal nicht weiter stören!«

Meike sieht für eine Sekunde enttäuscht aus, aber sie tröstet sich schnell mit einem heißen Kuss von Hanno.

Ich renne die Treppe hoch in mein Zimmer, sperre die Tür hinter mir zu und lehne mich dagegen. Endlich muss ich mich nicht mehr zusammenreißen!

Die Melodien sind wieder da, ein ganzes Orchester spielt in meinem Kopf ein Liebeslied. Bei einem Liebeslied darf man weinen, ja, man *muss* es sogar!

Ist es wirklich wahr?

Ja, es ist wahr. Meike hat mich bestimmt nicht angelogen.

Mein Traum ist wahr geworden.

Selim liebt mich!

Er liebt mich!!

Er liebt mich!!!

In den nächsten Tagen bin ich Stammgast in der Schulbibliothek. Ich muss dem Zufall auf die Sprünge helfen und die Bücherei ist der einzige Ort, wo ich Selim ungestört treffen kann. Langsam kenne ich die Regale auswendig.

Nach einer Woche hab ich es schon fast aufgegeben, da steht er plötzlich vor mir.

»Chiara, wie geht es dir?«, fragt er und schenkt mir sein wunderbares Lächeln.

»Gut«, antworte ich. Dann weiß ich nicht mehr weiter.

Selim sagt auch nichts. Er nimmt irgendein Buch aus dem Regal und blättert darin.

Endlich fällt mir etwas ein. »Du, ich hab jetzt den ersten Band der Kairo-Trilogie gelesen. Die langen Beschreibungen am Anfang fand ich nicht so toll, aber dann hab ich das Buch in einem Zug durchgelesen. Die Personen sind mir richtig ans Herz gewachsen.«

»Ging mir genauso«, sagt Selim. »Und wen magst du am liebsten?«

»Abd al-Gawwad, den Vater. Er ist so ...«, ich überlege kurz, »... so widersprüchlich, das mag ich an ihm.«

Selim nickt. »Ja, ich auch. Ich glaube, Machfus hat sich viel Zeit genommen, um seine Figuren zu entwickeln. Weißt du, dass er nur im Herbst und in den Wintermonaten geschrieben hat? Im Sommer ist er sehr viel am Nil spazieren gegangen und hat einfach nur nachgedacht, meditiert.«

»Ich gehe auch gern spazieren«, sage ich und warte, während mein Herz so laut schlägt, dass ich Angst habe, Selim könnte es hören.

Er überlegt kurz. »Dann lass uns doch einen Nil-Spaziergang machen, an der Corniche, der großen Promenade. Hast du Lust?«

Was für eine Frage. »Ja!«

»Bei Sonnenaufgang ist es dort am schönsten«, sagt Selim. »Hast du morgen Zeit?«

»Ja!«

Selim guckt mich erstaunt an. Offenbar kann er es noch nicht glauben, dass ich sofort zugestimmt habe. Nach ein paar Sekunden fängt er an, mir ein bisschen konfus den Treffpunkt zu beschreiben.

Ich betrachte seinen schönen Mund mit den vollen Lippen und höre nur mit halbem Ohr zu, weil ich längst weiß, wo die Corniche ist. Hanno hat mir mal erzählt, dass sich auf der Corniche die Liebespaare treffen, denn es ist einer der wenigen Orte in Kairo, wo man heimlich Händchen halten kann.

Das Glück rauscht in meinem Kopf: Endlich, endlich habe ich mein erstes, richtiges Date mit Selim! Morgen werden wir das erste Mal zu zweit sein!

Wir vereinbaren noch eine Zeit (acht Uhr morgens!) und dann verabschiedet sich Selim. Ich sehe ihm nach, seinem weichen, fließenden Gang, bis seine Gestalt immer kleiner wird …

Szene Fünf; innen/Tag

Kairo/islamische Altstadt/ein Haus in der Baina-l-Kasrain-Strasse. Zeit: Das Jahr 1921

Chiara, die Tochter eines angesehenen ägyptischen Journalisten, kocht in der Küche zusammen mit ihrer Mutter Salma den Kaffee. Da kommt die Dienerin mit glänzenden Augen zu ihren Herrschaften.

Die Dienerin:
Es hat an der Tür geklopft. Eine Frau möchte die Damen des Hauses sprechen.
Salma:
(voller Neugier)
Bitte sie in den Salon!
Chiara:
(erwartungsvoll)
Wer kann das sein?
Salma:
(lächelnd)
Das werden wir gleich sehen. Zieh dein bestes Kleid an und warte, bis ich dich rufen lasse.
Zoom auf Chiaras Gesicht, das sich rötet, Schwenk zu Salma, Zoom auf ihr Gesicht, das ebenfalls gerötet ist und gleichzeitig strahlt.
Cut.

Ortswechsel: Das gemeinsame Zimmer von Chiara und ihrer Schwester Mariam. Chiara sitzt vor dem Spiegel und Mariam bürstet das lange, braune Haar ihrer Schwester.

Chiara:
Hoffentlich ist es Selims Mutter!
Mariam:
Ich wünsche es dir, aber es kann auch eine ganz andere Familie sein, die ihre Mutter als Brautwerberin zu uns geschickt hat.
Chiara:
(seufzend)
Ja, ich weiß!

Schwenk zur Tür. Die Dienerin betritt das Zimmer.
Die Dienerin:
Komm, Chiara, es ist so weit!

Chiara spricht lautlos die Fatiha, die erste Sure des Koran, dann geht sie mit der Dienerin mit. Cut. Ortswechsel: Im Salon. Totale: Eine schlanke Frau im blauen Kleid steht vom Sofa auf. Schwenk zu Chiara. Halbnah: Ihre verkrampfte Haltung löst sich. Sie geht zu der Frau und küsst ihr die Hände.

Selims Mutter:
Verheiratet die Ledigen, heißt es im Koran. Da zeigt sich die Weisheit Allahs.
Chiara:
Seine Weisheit ist groß und erhaben.
Selims Mutter:
Als Selim mich darum bat, eine Braut für ihn zu suchen, habe ich ihm erklärt, dass ich die beste auf der ganzen Welt für ihn wüsste und dass er sie bereits kennt: dich, Chiara! Er war sehr glücklich über meine Wahl und freut sich, mit deiner Familie verwandt zu werden, wo er sich ohnehin mit dir seelenverwandt fühlt.
Chiara:
Allah sei tausendmal gedankt. Heute geht mein größter Wunsch in Erfüllung.
Selims Mutter:
Möge Allah euch das Leben versüßen und euch viele Kinder schenken.
Salma:
Selim ist der großzügigste junge Mann, den ich kenne.

Seine Mutter hat mir mitgeteilt, dass du ihn schon vor der Hochzeit sehen darfst. Er lädt dich zu einem Spaziergang am Nil ein.
CHIARA:
(fällt vor Selims Mutter auf die Knie)
Möge Allah Ihnen und Selim die gute Tat himmlisch belohnen!

»Chiara? Chiara!«

Mariam steht vor mir. »Was hast du da gemurmelt? Du willst belohnt werden? Wenn du gleich zu spät in die Mathestunde kommst, wirst du bestimmt nicht belohnt werden.«

Ich muss grinsen. »Da hast du Recht. Komm, lass uns rennen, dann schaffen wir es vielleicht doch noch rechtzeitig.«

*

Kurz vor Sonnenaufgang ist der Nil ein graues, träges Tier, das sich räkelt und streckt, und die Wolkenkratzer am Ufer bewachen seinen Schlaf.

Ich stehe auf der El-Tharir-Brücke, die hinüber zur Insel Gezirah führt, und lasse den Verkehr hinter mir vorbeirauschen, der in Kairo wohl nie abreißt, egal, ob es Tag oder Nacht ist. Als die Autos plötzlich wie verrückt hupen, drehe ich mich um und reibe mir die Augen: Eine Herde Kamele trabt gemächlich auf mich zu, mitten auf der Straße! Ein alter Mann in einer Galabija treibt sie mit einem Stock an, aber sie lassen sich nicht aus der Ruhe bringen, von ihm nicht und von den hupenden Autos erst recht nicht.

Ich wünschte, ich könnte auch so ruhig und gelassen sein wie die Kamele. Mindestens zum vierten Mal in einer Minute schaue ich auf meine Armbanduhr. Schon zehn nach acht! Selim, lass mich bitte nicht so lange warten!

»Einen sahnigen Morgen!«

Ich fahre herum. Wegen dem Höllenlärm habe ich Selim gar nicht kommen hören.

»Dir auch«, sage ich und für einen Moment schmecke ich statt Staub Sahne auf der Zunge.

Selim trägt heute Jeans und ein kurzärmeliges Hemd. Zum ersten Mal sehe ich seine braun gebrannten Arme, kräftige, muskulöse Arme. Bevor er meinen Blick bemerkt, sehe ich schnell wieder weg.

»Komm!«, sagt Selim. »Ich zeige dir Kairo von oben.«

»Ich dachte, wir wollten spazieren gehen?«, frage ich überrascht.

Selim nickt. »Tun wir auch noch. Vertrau mir!«

»Okay.« Mit Selim würde ich überall hingehen, selbst in die hässlichste, staubigste Ecke von Kairo.

Selim führt mich über die El-Tharir-Brücke auf die Insel. Diesmal lassen wir die Oper links liegen und biegen in eine Allee voller Palmen ein. In der Mitte ist ein Wachhäuschen und lauter Polizisten mit Gewehren halten davor Wache. An die Polizisten habe ich mich mittlerweile gewöhnt, sie stehen an fast allen öffentlichen Plätzen und Sehenswürdigkeiten.

Die Allee mündet in einen großen Platz, der von einem schlanken, hohen Turm beherrscht wird. Da will Selim also mit mir hinauf! Er kauft für uns Karten an der Kasse und dann gehen wir rüber zum Aufzug.

»Wie heißt denn der Turm?«, frage ich.

»Das ist der Cairo Tower«, sagt Selim. »Er ist fast zweihundert Meter hoch und von oben hat man einen fantastischen Rundblick über Kairo.«

Im Moment interessiert mich viel mehr der Nahblick auf Selim, aber das verrate ich ihm natürlich nicht.

Der Aufzug fährt so schnell nach oben, dass mein Magen sich zusammenzieht – oder liegt es daran, dass Selim so nah neben mir steht? Als der Aufzug stoppt, müssen wir noch ein paar Stufen nach oben gehen und dann sind wir endlich auf einer Plattform im Freien. Ein kalter Wind pfeift uns um die Ohren und die Sonne begrüßt uns mit ihren ersten Strahlen.

Selim führt mich zum Geländer. »Na, was sagst du dazu?«

»Wahnsinn!«

Der Ausblick ist wirklich fantastisch. Unter uns liegt die Oper wie ein Haufen Bauklötze und selbst die Wolkenkratzer am Nilufer sind auf Spielzeuggröße geschrumpft. Die Luft ist heute ungewöhnlich klar und frisch, ausnahmsweise liegt mal kein Dunstschleier über der Stadt. Und die Morgensonne taucht das braune Häusermeer in ein goldenes Licht.

Selim zeigt nach Südosten. »Dort ganz weit drüben sind die Pyramiden, siehst du sie?«

»Ja«, sage ich, »das ist unglaublich, die sind doch kilometerweit weg!«

Wir gehen weiter am Geländer entlang.

»Auf der anderen Seite vom Nil waren wir schon, da ist das islamische Viertel«, sagt Selim. »Und noch ein ganzes Stück weiter südlich ist das koptische Viertel mit vielen alten christlichen Kirchen und einem Museum.«

Ich ertappe mich dabei, wie ich wieder Selim statt die Aussicht bewundere. Damit er es nicht merkt, sehe ich mir nebenbei auch noch die Plattform genauer an. Bis gerade eben waren wir fast allein, aber jetzt spuckt der Aufzug einen Schwung Studenten aus. Sie drängeln sich auf die Plattform, lauter Pärchen!

»Hörst du mir eigentlich zu?«, fragt Selim plötzlich.

»J…ja, klar.«

Selim lächelt und macht weiter. »Dort drüben ist die Totenstadt. Das sind alte Friedhöfe, auf denen heute viele Leute leben, die sich eine richtige Wohnung nicht leisten können.«

»Die Armen! Und wo ist die Corniche?«

Selim rückt etwas näher und streift meine Hand. Zufällig??? Die feinen Härchen seiner Haut streicheln mich wie ein zarter Luftzug. Selim zeigt nach unten. Wir stehen jetzt so dicht nebeneinander, dass unsere Kleider sich berühren. Ich spüre die Wärme seines Körpers.

»Da drüben am Nilufer, bei den Restaurantschiffen und den großen Hotels, erkennst du den schmalen weißen Streifen?«

»Ja, jetzt seh ich ihn«, sage ich leise und hoffe, dass Selim meine Hand nimmt.

Leider tut er es nicht, sondern geht wieder ein paar Schritte weg. »Ich komme oft hierher, wenn ich frische Luft brauche und den Kopf freikriegen will.«

»Kann ich gut verstehen«, sage ich. »Hier oben ist man wirklich frei, weit weg von allem.«

Selim nickt. Eine Weile stehen wir schweigend nebeneinander. Rings um uns ist es auch merkwürdig still geworden. Die Pärchen stehen dicht zusammen. Ein paar halten Händchen, aber so, dass man es kaum sehen kann.

»Wollen wir wieder runtergehen?«, fragt Selim.

»Okay.«

Ich gehe voraus.

Im Aufzug und auf dem Weg durch die Allee zur Corniche sagt Selim kein Wort. Je länger er schweigt, umso unruhiger werde ich. Am Ufer warten bunt bemalte Restaurantschiffe geduldig auf die ersten Gäste. Wir laufen an Bänken mit Pärchen vorbei, die nebeneinander sitzen, sich aber nicht berühren.

»Was macht die Geige?«, frage ich schließlich, um die Stille zu brechen.

Selim lächelt. »Zurzeit übe ich sehr viel, weil es mir Spaß macht, sogar mehr Spaß als die Band. In der Band sind wir uns nicht so ganz einig über die Richtung, in die wir gehen wollen. Aber lass uns von dir reden. Wie läuft es in der Theatergruppe?«

»Ganz gut«, sage ich. »Die Schweiger ist toll, letztes Mal haben wir nur an den Emotionen gefeilt. Es war total anstrengend, aber es hat sich gelohnt. Das Stück lebt nämlich von den Emotionen, von unterdrückten und unterschwelligen. Die Sprache ist sehr reduziert, aber die Stimmung, die muss man durch die Körpersprache ausdrücken ...«

Ohne es richtig zu merken, rede ich mich warm und erzähle Selim alles, was mir zum Stück einfällt.

Er hört mir aufmerksam zu. »Du bist bestimmt eine tolle Schauspielerin. Ich freue mich schon, dich auf der Bühne zu sehen.«

Wieder streift seine Hand wie zufällig meine. Ich halte den Atem an.

»Ich muss dir was sagen«, fängt er plötzlich stockend an, »aber ich hab Angst, dass du dann sauer auf mich bist.«

Ich schüttele den Kopf. »Warum sollte ich sauer sein?«

»Du wirst schlecht von mir denken, das weiß ich.«

»Quatsch! Nun sag endlich!«

»Du versprichst mir, dass du nicht schlecht von mir denkst?«

Jetzt platze ich aber gleich vor Spannung. »Ja, ich verspreche es!«

Selim holt tief Luft. »Ich folge deinem Schatten, egal, wo du bist.«

Seine Worte sind wie ein gehauchter Kuss. Meine Lippen fangen an zu zittern.

Ganz sanft streicheln seine Finger über meinen Handrücken, dann nimmt er meine Hand und lässt sie nicht mehr los. Seine Hand ist so unglaublich weich und warm, sie trägt mich und ich schwebe über der Corniche.

»Du machst mich so glücklich, Chiara«, sagt Selim, »und ich möchte, dass mein Glück tausendfach zu dir zurückkommt.«

Ich presse seine Hand, so fest ich kann. »Selim ...«

Seine Augen werden schmal und seine Lippen zittern.

Ich möchte dich küssen, Selim, jetzt, jetzt sofort!

Da kommt eine Gruppe von Männern auf uns zu. Sofort löst Selim seine Hand aus meiner. Ich falle in ein tiefes, kaltes Loch, weg von Selims Wärme, weg von seiner Nähe.

Warum sind wir hier in diesem verklemmten Kairo, wo man seine Gefühle nicht offen zeigen darf? Wären wir doch in Deutschland, in einem Park. Da schert sich kein Mensch darum, wenn sich ein Liebespaar küsst.

»Selim«, flüstere ich, »kommst du noch mit zu mir?«

»Gern.«

Sein wundervolles Lächeln versöhnt mich wieder mit Kairo.

Zu Hause rufe ich laut, dass ich wieder da bin, aber keiner antwortet.

Auf dem Küchentisch liegt ein Zettel.

Liebe Chiara!

Sind ins Zentrum gefahren, Weihnachtseinkäufe.
Hanno ist bei einem Freund.
Bis heute Abend!
Mama und Papa

Was für ein Glück!

Selim tritt von einem Bein aufs andere. »Es ist schon spät, Chiara.«

»Was hast du denn auf einmal?«, frage ich.

»Ich muss noch Hausaufgaben machen, wir haben total viel auf und –«

»Sag die Wahrheit, was hast du?«, frage ich noch mal.

»Na ja. Deine Eltern hätten bestimmt was dagegen, wenn sie wüssten, dass wir hier allein sind.«

Ich sehe ihn verblüfft an und pruste los.

»Was ist denn daran so komisch?«, fragt Selim.

»Meine Eltern wären die Letzten, die was dagegen hätten. Wenn sie es wüssten, wären sie heilfroh, dass ich endlich einen Freund habe.«

»Wirklich?«, fragt Selim.

»Ja, glaub mir!«

Selim zögert immer noch. »Aber wenn uns jemand gesehen hat, die Leute haben ihre Augen überall, ich will nicht, dass sie was Schlechtes von dir denken.«

Schade, dass du das jetzt nicht hören kannst, Hanno!

»Fang nicht wieder damit an!«, sage ich. »Ist Liebe denn was Schlechtes?«

Selim schüttelt lächelnd den Kopf.

»Komm, setz dich zu mir aufs Sofa!«, sage ich.

Endlich gibt Selim seinen Widerstand auf. Er setzt sich neben mich, nimmt meine Hand und führt sie an seine Wange.

»Ich hab deine Wärme so vermisst«, flüstere ich.

Selim beugt sich zu mir herüber, näher und näher. Ich schließe die Augen und atme seine Wärme ein, seinen Duft. Meine Lippen suchen seine Lippen. Und finden sie.

Und da kommt Selims Glück tausendfach zu mir zurück.

Kapitel 11

Überall im Wohnzimmer brennen Kerzen, sie stehen auf dem Couchtisch, den Fensterbrettern und auf dem Boden. Nur am Weihnachtsbaum stecken keine Lichter, denn dieses Jahr ist unser Weihnachtsbaum eine Palme und die Schneeflocken am Fenster sind aus Watte, denn draußen hat es fünfzehn Grad.

Ansonsten ist fast alles so, wie es immer war. Mama ist ziemlich gestresst und hektisch, Papa witzelt mal wieder, wann wir endlich dieses kitschige Weihnachten aufgeben (obwohl er selbst nie im Leben darauf verzichten würde!), und Hanno stopft sich den Mund voll mit Lebkuchen und Plätzchen, die Tante Monika aus Deutschland geschickt hat.

Nur ich bin eine neue Chiara, auch wenn es keiner merkt. Für mich war Weihnachten schon vor einer Woche und Selim war mein schönstes Weihnachtsgeschenk. Wenn er bloß hier wäre und ich alleine mit ihm feiern könnte, wenn ich ihn mit Plätzchen füttern und vielleicht um Mitternacht mit ihm in eine Kirche im koptischen Viertel gehen könnte ... Aber er ist gar nicht da, er ist für drei Tage mit seinen Eltern ans Rote Meer gefahren. Erst übermorgen sehe ich ihn wieder!!!

Mama räumt die Teller ab. »Die Gans war leider ein bisschen zäh. Ich hab zwischendurch gemalt und total die Zeit vergessen.« Typisch Mama!

Papa versucht, seine Wasserpfeife in Gang zu bekommen. »Wieso? Die Gans war doch gut!«

»Danke«, sagt Mama.

Papa setzt für sie ein Extralächeln auf.

In letzter Zeit behandeln sich die beiden wie rohe Eier. Sie spielen Hanno und mir heile Ehe vor, aber so schlecht, dass auf einer Theaterbühne die Zuschauer über die unfreiwillige Komik lachen würden. Zum Lachen fehlt mir allerdings die Distanz.

»Zeit für die Geschenke«, sagt Hanno und schielt unter die Palme, wo ein kleiner Berg Päckchen liegt.

Mama gibt jedem von uns ein Päckchen. Wetten, dass sie mir wieder irgendein bescheuertes Psychobuch schenkt? Aber nein, Fehlanzeige! Es ist ein schlichtes Buch aus Leinen mit leeren Seiten.

»Wofür ist das denn?«, frage ich.

Mama lächelt. »Ich dachte, als Regisseurin kannst du ein Skizzenbuch brauchen, für Ideen und Szenen oder so.«

»Danke!« Da hat sie sich ja mal richtig was dabei gedacht!

Meine übrigen Geschenke hab ich schnell ausgepackt: Süßigkeiten, einen Alternativ-Reiseführer von Papa und ein Schminkset von Hanno. Beides brauche ich nicht wirklich.

»Da stehen tolle Sachen drin, nicht nur die ausgetretenen Touristenpfade«, sagt Papa. »Und wenn du willst, können wir auch wieder zusammen losziehen.«

»Mal sehen«, antworte ich. »Ich kenn mich ja inzwischen selbst ganz gut in Kairo aus.« Und habe den besten Fremdenführer der Welt!, füge ich in Gedanken hinzu.

Papa lächelt. »Das freut mich für dich. Ja, die besten Entdeckungen kann man sowieso nur alleine machen.«

Ich hole Punsch-Nachschub aus der Küche. Hanno folgt mir.

»Na, wie gefällt dir das Schminkset?«, fragt er. »Meike hat mir beim Aussuchen geholfen, sie hat das richtige Händchen für so was.«

»Toll!«, sage ich. »Ich schminke mich zwar fast nie, aber von Meikes supergutem Geschmack profitiere ich natürlich wahnsinnig gern.«

Hanno zuckt mit den Schultern. »Dir kann ich es gerade eh nicht recht machen, oder?«

»Lass mich einfach in Ruhe!«, fauche ich ihn an.

»Wie du willst. Aber eins muss ich dir trotzdem noch sagen: Selim hat bei der letzten Bandprobe erzählt, dass er dich erobert hat und dass du ganz schön an ihm hängst.«

Ich halte mir die Ohren zu. »Hau ab!«

Das kann nicht wahr sein, das *darf* nicht wahr sein! Hanno dreht völlig durch. Er ist offenbar total eifersüchtig, der Idiot!!!

Ich lösche seine Worte sofort aus meinem Gehirn und gehe zurück ins Wohnzimmer.

Inzwischen haben auch Papa und Mama meine Geschenke ausgepackt.

Mama freut sich. »Ein arabisches Kochbuch! Du kannst wirklich Gedanken lesen.«

Papa füllt gleich seine Wasserpfeife mit meinem Vanille-Tabak, genießt und schweigt.

Vanille-Tabak, hm! Selims Kuss hat auch ein bisschen danach geschmeckt. Sein Kuss war so weich, sanft und zart! Nur dass sich Selim danach gleich wieder verdrückt hat, war schrecklich. Das nächste Mal lasse ich ihn nicht so schnell gehen, und wenn ich ihn dafür fesseln muss!

»Chiara, komm, sing mit!«, sagt Mama.

Wir singen *Vom Himmel hoch, da komm ich her.* Ich singe, so laut ich kann, singe die Botschaft hinaus ins nächtliche Kairo: »Ich bring euch gute neue Mär!«

Selim, ich vertraue dir! Selim, ich liebe dich!

»Chiara, Besuch für dich!«, ruft Mama zwei Tage später durchs ganze Haus.

Ich fliege die Treppe hinunter. Das kann nur Selim sein!

Er steht mit einer Geschenktüte in der Hand verlegen im Flur.

»Ich dachte ja erst, Selim will zu Hanno«, sagt Mama, »aber er hat ausdrücklich betont, dass er *dich* besuchen will und ...«

»Ist schon gut, Mama.« Sie soll jetzt bloß nicht noch mehr Peinlichkeiten von sich geben.

»Hi, Selim!«

Er folgt mir die Treppe hoch in mein Zimmer. Hanno lässt sich zum Glück nicht blicken.

Schnell mache ich die Tür hinter uns zu und falle Selim um den Hals. Er küsst mich und sofort fange ich wieder an zu schweben. Ich mache die Augen zu und will, dass dieser Moment nie aufhört.

Irgendwann löst sich Selim aus meinen Armen und hält mich ein Stück von sich weg. »Ich bin böse auf dich!«

»Was? Wieso?«, frage ich und sehe ihn dabei verwirrt an.

Selim lächelt. »Natürlich bin ich nicht wirklich böse auf dich. Das sagt man hier für ›Du hast mir gefehlt!‹.«

»Ach so.« Ich nehme Selims Hand und spiele mit seinen Fingern. Dann versinke ich in seinen Augen. »Ich bin auch böse auf dich, sehr sogar!«

»Friede sei mit dir«, sagt Selim und hält mir die Geschenktüte hin. »Ich hab dir was mitgebracht vom Roten Meer.«

»Wie lieb von dir!«, sage ich und strahle ihn an.

Wir setzen uns aufs Sofa. Ungeduldig öffne ich die Tüte. Darin sind eine kleine Muschel und ein blaues, viereckiges Päckchen. Als ich das Papier wegreiße, kommt eine Parfümschachtel zum Vorschein.

»Es soll dich an unseren Ausflug ins islamische Viertel erinnern«, sagt Selim. »Es ist eine Mischung aus ganz vielen orientalischen Gewürzen.«

Neugierig öffne ich den Flakon und sprühe mir eine Probe auf die Innenseite meines Handgelenkes. Ein betäubend schwerer Duft steigt mir in die Nase. Sonst benutze ich nur leichte, frische Deos, aber das würde ich Selim natürlich nie sagen.

Ich schlinge meine Arme um ihn und vergrabe mein Gesicht an seinem Hals. »Tausend Dank!«

Selim flüstert in mein Ohr: »Ich glaube, der Mond ist neidisch auf dich. Du bist nämlich viel schöner als er.«

Vor Glück fange ich an zu zittern.

»Selim, du bist das Beste, was mir hier in Kairo passiert ist! Ich kann dir gar nicht sagen, wie froh ich bin, dass wir uns zufällig getroffen haben. Solche Zufälle gibt es eigentlich gar nicht, oder?«

Auf einmal sieht mich Selim ernst an. »Zufall? Nein, das war kein Zufall, das war Schicksal. Es sollte so sein.«

»Ja, es sollte so sein«, wiederhole ich leise, »und es soll immer so weitergehen ...«

»Insha'Allah«, sagt Selim.

Ich richte mich auf. »Hör auf! Wenn du es dir ganz fest wünschst und ich mir auch, wird unser Wunsch in Erfüllung gehen, auch ohne Allah.«

»Lass uns nicht darüber streiten«, sagt Selim. »Schau, ich hab dir noch was mitgebracht, eine CD von Amr Diab.«

»Wer ist das?«, frage ich. »Ein arabischer Sänger?«

»Ja«, sagt Selim, »aber er macht arabische Musik mit amerikanischen Pop-Elementen. Ich bin gespannt, ob es dir gefällt!«

Ich lege die CD ein und kuschele mich ganz eng an Selim. Piano und Gitarre setzen mit einer sanften Melodie ein, dann kommt das Schlagzeug dazu. Bis dahin klingt alles wie ein Song von *Kuschelrock*. Doch die Stimme von Amr Diab ist eindeutig arabisch: Sie leiert wie ein altes Kassettenlaufwerk!

»Soll ich dir erzählen, worum es in dem Lied geht?«, fragt Selim.

Ich nicke.

»Es geht um eine unglückliche Liebe: Der Mann liebt eine Frau, aber sie will nichts von ihm wissen. Monatelang baggert er sie an – keine Chance! Trotzdem gibt er nicht auf. Sogar, als sie einen anderen heiratet, kann er sie nicht vergessen. Diese Liebe füllt ihn total aus, sie ist ein Teil von ihm geworden. Er trägt sie für immer in seinem Herzen, bis zu seinem Tod.«

»Eine schöne Geschichte«, sage ich, »aber ziemlich traurig. Du hattest Glück, du musstest mich nicht ewig anbaggern.«

Selim lacht. »Nein, zum Glück bist du ein deutsches Mädchen.«

»Was meinst du damit?«, frage ich ihn irritiert.

»Na ja, du hast mich eben nicht warten lassen und das finde ich auch sehr … schön!«

Ich löse mich aus seinen Armen. »Selim, hast du das irgendjemandem erzählt? Ich meine, dass du mich erobert hast?«

Selim sieht mich mit großen Augen an. »Wie kommst du denn darauf?«

»Nur so. Manche ägyptischen Jungs tun das doch, oder?«

»Vielleicht«, sagt Selim. »Aber ich würde so etwas nie tun. Das musst du mir glauben, Chiara! Unser schönes Liebesgeheimnis liegt im Brunnen.«

Sein Blick ist so offen. Er lügt nicht!

Ich kitzele ihn an den Fußsohlen. »Wirklich?«

»Ja, wirklich!«, sagt Selim und versucht, meinen Fingern auszuweichen.

Und dann kitzelt er mich auch, bis ich vor Lachen keine Luft mehr kriege. Erschöpft lehne ich mich an seine Brust.

Selim hebt sanft meinen Kopf hoch und gibt mir einen leidenschaftlichen, endlosen Kuss. Und Amr Diab singt sein Liebeslied nur für uns.

Kairo, 8. Januar

Die Weihnachtsferien waren ein Traum, aber viel zu kurz!!!

Selim, ich bin böse auf dich, du fehlst mir so! Dass ich dich in der Schule nicht berühren und küssen darf, macht mich wahnsinnig. Und dass ich so tun muss, als wäre gar nichts zwischen uns, wo du doch alles für mich bist!

Wir waren so frei, von morgens bis abends hatten wir Zeit und haben fast jeden Tag gemeinsam was unternommen. Nur einmal wolltest du deine Freunde mitbringen, aber das konnte ich dir zum Glück ausreden.

Wir sind stundenlang durch Kairo gelaufen, ich habe dicke, fette Blasen bekommen und trotzdem nichts gespürt. Keinen Schmerz, sondern nur Glück, Glück, Glück!

Du bist mir so vertraut, als würde ich dich schon ewig kennen. Als wir durch die Straßen gelaufen sind, habe ich oft an *Harry und Sally* gedacht. Wie sie spazieren gehen und reden und reden, weil sie auch beste Freunde sind. Ja, du bist mein Freund, Selim, ich kann dir alles erzählen, von meinen Problemen mit meinen Eltern, mit Hanno und mit der Klasse. Du hörst mir einfach zu, ohne gleich die Probleme lösen zu wollen. Du weißt, dass sich manches nicht lösen lässt. Du hast auch Probleme, zum Beispiel mit der Band. Hanno kommandiert seit neuestem alle anderen herum und dagegen wehrst du dich. Aber wie lange die Band noch existiert, steht in den

Sternen. Und mit deinem Vater hast du auch Probleme. Er sagt zwar, dass du später machen kannst, was du willst, aber in Wirklichkeit möchte er, dass du auch Anwalt wirst und in seine Kanzlei einsteigst als Nachfolger. Aber das willst du auf keinen Fall. Du willst deine Musik zum Beruf machen, Geige spielen in einem Orchester oder mit der Gitarre in einer Band und vielleicht irgendwann selber Stücke komponieren. Ich wünsche es dir so, dass es klappt! Deine Mutter würde sich bestimmt auch darüber freuen, sie ist eine so wunderbare Frau und du hast so viel von ihr geerbt: Kreativität, Sensibilität, Wärme, Energie. Ich wünschte, ich hätte nur halb so viel Energie wie du!

Selim, ich freu mich schon so auf morgen Abend. Da treffen wir uns endlich wieder und gehen ins Kino, in einen Film mit Franka Potente.

Zum ersten Mal gehe ich hier in Kairo ins Kino, es ist nicht zu fassen! Klar, ich hätte auch alleine gehen können, aber das macht keinen Spaß. Und Mariam darf abends leider nicht weg, da hab ich mich eben mit DVDs über Wasser gehalten.

Jetzt haben wir also unsere Kino-Premiere, Selim.
Bis ganz bald!

*

Ich bin schon wieder zu früh und muss auf Selim warten. Die Shopping-Mall in Downtown ist proppenvoll. Da die Geschäfte bis Mitternacht aufhaben, fangen die Ägypter jetzt um kurz vor acht noch mal richtig an zu bummeln und einzukaufen und drängen sich auf den Rolltreppen. Familien mit Kind und Kegel sind unterwegs und viele große Cliquen von Jungs, nur weit und breit kein Selim!

Das Plakat mit der Ankündigung des Films kenne ich inzwischen schon auswendig. Ich weiß, dass Franka Potente eine Fotostudentin ist und Elijah Wood, ein College-Boy, sich unglücklich in sie verliebt. Warum sind eigentlich die meisten Liebesgeschichten, von denen man liest oder hört, immer so kompliziert?

In dem Moment sehe ich Selim, wie er in aller Seelenruhe die Rolltreppe heraufgefahren kommt. Auch als er mich entdeckt, beschleunigt er seine Schritte nicht. »Hi! Du bist schon da?«

Ich tippe auf meine Armbanduhr. »Schon ist gut. Ich hab fast befürchtet, ich muss alleine ins Kino gehen.«

»Warum das denn?«, fragt Selim. »Es ist doch noch viel Zeit. Die Vorstellungen fangen nie pünktlich an.«

Ich muss lachen. »Klar, das hätte ich ja ahnen können. Manchmal denke ich immer noch, ich bin in Deutschland.«

»Das bist du zum Glück nicht«, sagt Selim und verschlingt mich mit seinen Augen.

Am liebsten würde ich ihm sofort um den Hals fallen, aber ich reiße mich zusammen. Nur noch ein paar Minuten! Im Kino ist es zum Glück dunkel, da kann ich ihn endlich berühren, ohne dass uns jemand beobachtet.

Selim besteht darauf, die Karten zu bezahlen, und führt mich in den großen, abgedunkelten Kinosaal, der völlig überfüllt ist. Wir erwischen gerade noch zwei freie Plätze in der dritten Reihe.

Auf der Leinwand läuft bereits Werbung. Wir lassen uns in die Kissen fallen. Der Geräuschpegel im Kino ist so laut, dass man kein einziges Wort versteht, aber das muss ich ja auch nicht. Ich taste nach Selims Hand und er nimmt sie und spielt mit meinen Fingern. Glücksschauer rieseln über meinen Rücken. Ich schließe die Augen, um seine warme Haut noch intensiver zu spüren.

Dann fängt der Hauptfilm an. Beinahe hätte ich den Anfang verpasst, weil die Leute um uns herum trotzdem noch halblaut weiterreden. Ich versuche mich auf die englische Sprache zu konzentrieren, doch ohne Untertitel ist das gar nicht so einfach.

Selim zieht seine Hand wieder zurück, aber er ist so nah neben mir, dass ich seinen Atem auf meinem Oberarm spüre.

Ich kriege ehrlich gesagt nicht viel von der Handlung mit, nur dass Franka Potente eine schwierige Frau ist und Elijah Wood raffiniert um den Finger wickelt. Als sich die beiden schließlich küssen, geht ein großes Gejohle und Pfeifen durchs Kino. Ich muss grinsen: Lauter erwachsene Menschen, die bei einem Kuss johlen! So was würden in Deutschland höchstens sechsjährige Jungs tun.

Plötzlich klingelt vor uns ein Handy. Der Typ nimmt tatsächlich ab und sagt laut: »Hallo? Wie geht's?«

Während ein paar seiner Nachbarn sich darüber aufregen, nutze ich die Gelegenheit und lege meinen Arm um Selim. Ganz eng kuschele ich mich an ihn und auf einmal ist mir alles egal: der laute Geräuschpegel, das Handy, sogar der Film. Hauptsache, Selim ist neben mir!

Nach dem Film bin ich noch ganz berauscht vor Glück.

Selim geht im grellen Licht vor dem Kinosaal sofort wieder auf Distanz, aber er fährt sich durch die dunklen Locken und zwinkert mir zu. »Hast du noch Lust, in eine Coffeebar zu gehen?«

»Ja, klar«, sage ich.

Wir lassen uns mit den Menschenmassen die Rolltreppen hinuntertreiben. Draußen ist die Luft kühl geworden. Fröstelnd mache ich den Reißverschluss meiner Jacke zu.

In der Coffeebar wird mir schnell wieder warm. Es ist eine dieser Ketten, die es auch in Deutschland an jeder zweiten Ecke gibt. Mit Doro und den Mädels habe ich total oft in diesen Kaffeebars rumgehangen. Wahnsinn, wie ewig das schon her ist!

Ich entscheide mich für einen Latte Macchiato mit Karamell und Selim nimmt eine große heiße Schokolade.

»I'll bring it to your seat«, sagt der freundliche Typ hinter der Kaffeemaschine.

Wir gehen hinauf in den ersten Stock.

»Ich bin gerne hier«, sagt Selim, »fast noch lieber als in einem normalen Kaffeehaus. Die Einrichtung ist cool und man trifft viele Schüler und Studenten. Ich geh überhaupt am liebsten mit vielen Leuten weg, du auch?«

»Nein«, antworte ich, »eigentlich bin ich am liebsten zu zweit unterwegs, da kann man sich besser unterhalten.«

Selim runzelt die Stirn. »Ja, du redest ziemlich viel, wenn wir allein sind. Machen das alle deutschen Mädchen?«

»Was meinst du denn damit?«

»Ach, nichts«, sagt Selim und sieht ganz offen auf seine Armbanduhr.

»Langweilst du dich mit mir?«, frage ich und merke, dass ich langsam sauer werde.

Selim lächelt wieder. »Natürlich nicht.«

Der freundliche Typ bringt unsere Getränke auf einem Tablett und stellt noch einen kleinen Teller mit Brownies dazu.

Ich rühre so heftig in meinem Latte Macchiato, dass die Milch über den Rand läuft.

»Pass doch auf!«, ruft Selim.

Jetzt reicht's mir! »Selim, was ist los? Geht's dir nicht gut?«

»Doch, alles klar.« Dann wechselt er plötzlich das Thema. »Hast du Lust, nächsten Freitag Eis laufen zu gehen?«

»Machst du Witze? In Kairo gibt es eine Eislaufbahn?«, frage ich.

»Es gibt sogar mehrere, in großen Sportcentern und so. Die Schlittschuhe kann man sich natürlich ausleihen. Eine Bahn ist besonders schön. Die ist in der Mitte einer Shopping-Mall, unten, da, wo sonst die Cafés sind. Und ringsrum fahren die Leute auf den Rolltreppen hoch und runter.«

»Klingt verrückt«, sage ich. »Aber ich warne dich, meine Eislaufkünste sind sehr beschränkt.«

Selim winkt ab. »Das ist kein Problem, da bist du ja nicht allein. Viele von meinen Freunden können auch nicht richtig Eis laufen.«

»Deine Freunde? Kommen die etwa auch mit?«

»Natürlich«, sagt Selim. »Eis laufen muss man mit einer großen Gruppe, sonst macht es keinen Spaß.«

»Ach, und mit mir allein macht es dir keinen Spaß?«

Selim stöhnt. »Hör doch endlich auf damit!«

Ich starre ihn an. »Kein Problem!«, sage ich, springe auf und renne davon.

Kairo, 19. Januar

Ich hab plötzlich Angst. Angst, Selim zu verlieren. Ja, ich weiß, es ist Unsinn, aber ich werde dieses schreckliche Gefühl einfach nicht los. Warum will er nicht allein mit mir Eis laufen gehen? Jetzt, wo wieder Schule ist, können wir uns doch eh so selten sehen.

Hat er schon genug von mir? Hab ich mich zu schnell erobern lassen, ist es das? Ist für einen orientalischen Mann der Reiz dann vorbei?

Hatte Hanno doch Recht? Hast du mich angelogen, Selim?

Nein, ich darf nicht an so was denken, sonst werde ich noch wahnsinnig. Heute wird alles so sein wie immer. Wir werden Eis laufen und Selim wird trotz der vielen Leute um uns herum nur Augen für mich haben.

Ich liebe dich, Selim!

*

Das Wetter passt zum Eis laufen. Es hat gerade mal zehn Grad und ich friere wie daheim bei minus zehn Grad. Als ich in der Mall ankomme (wie viele gibt es eigentlich davon in Kairo – hundert?), ist die Bahn bereits total voll. Ich leihe mir Schlittschuhe aus und gehe langsam zu einer Bank, um sie anzuziehen. Selim kommt ja bestimmt wieder später, so wie ich ihn kenne.

Das Publikum auf der Bahn ist bunt gemischt: Eltern helfen ihren Kindern bei den ersten Schritten auf dem Eis, ein paar Pärchen drehen ihre Runden und der Rest sind Schüler. Eine Schülerclique ist besonders ausgelassen, sie schubsen sich gegenseitig und kichern ohne Ende.

Plötzlich zuckt ein Blitz durch mein Herz. Mitten unter den ausgelassenen Schülern entdecke ich Selim! Er hält ein Mädchen an der Hand, das ziemlich wackelig auf den Kufen steht. Erst als das Mädchen den Kopf hebt, erkenne ich, dass es Yasmin aus der Theater-AG ist. Sie strahlt Selim an und er strahlt zurück. Ich fasse es nicht. Die beiden flirten!!! Ich mache die Augen zu und wieder auf, weil ich es einfach nicht glauben kann. Doch es ist wahr: Die beiden flirten wirklich! Nein, das halte ich nicht aus, ich kann das nicht mit ansehen, ich will nach Hause …

»Chiara!«, ruft plötzlich jemand.

Oh nein, Selim hat mich entdeckt!

Mit ein paar eleganten Schwüngen fährt er zu mir her. Yasmin folgt ihm dicht auf den Fersen.

»Worauf wartest du noch?«, fragt er. »Das Eis ist toll.«

»Und du bist ein toller Lehrer«, sagt Yasmin und kichert.

Ich nestele an meinen Schlittschuhen herum. »Ich hab's gleich, lauft ruhig schon mal vor.«

Während die beiden sich wieder entfernen, steigen mir Tränen in die Augen. Verdammt, ich darf jetzt nicht weinen, bloß das nicht, den Triumph gönne ich Yasmin nicht!

Ich stolpere auf die Bahn und mache die ersten Schritte viel zu schnell. Prompt falle ich hin. Als ich mich wieder aufrappeln will, streckt mir Selim die Hand hin.

»Das ist mir am Anfang auch passiert«, sagt er und grinst.

Ich nehme seine Hand und presse sie so fest, dass es ihm wehtun muss. »Hilfst du mir bei den ersten Runden … allein?«

Selim nickt. »Klar.« Er wirft Yasmin noch ein Lächeln zu, dann lässt er sich von mir mitziehen.

Ich lotse ihn in eine einigermaßen ruhige Ecke. »Was soll das? Warum flirtest du mit ihr?«

»Mit Yasmin?« Selim tut erstaunt.

»Mit wem sonst?«

Selim zuckt mit den Schultern. »Sie ist nett, da ist nichts weiter. Warum bist du denn so empfindlich?«

»Empfindlich? Das nennst du empfindlich? Wir sind zusammen, Selim, hast du das vergessen?«

Auf einmal sieht er wütend aus. »Die ganze Zeit klebst du an mir«, sagt er total genervt. »Ich will hier Spaß haben und den lasse ich mir von dir nicht verderben.«

Sein Gesicht ist plötzlich so fremd, ich erkenne ihn kaum wieder.

»Alles klar«, bringe ich gerade noch heraus.

Dann drehe ich mich um, damit er meine Tränen nicht sieht. Mit letzter Kraft laufe ich zum Rand der Bahn, schnalle meine Schuhe ab und fliehe.

Kairo, 19. Januar, abends

Als ob ich es vorher geahnt hätte. Selim, wie konntest du mir das nur antun?

Warum, warum, warum???

Liebst du mich nicht mehr? Hast du mich je geliebt? Ist jetzt alles aus?

Kapitel 12

Ich rühre in meinem Latte Macchiato und warte auf Selim.

Eine Woche lang hab ich versucht, ihn zu sprechen, aber in der Schule hat er sich unsichtbar gemacht und zu Hause am Telefon hab ich ihn auch nicht erreicht. Was für ein Feigling!

Endlich hab ich ihn doch erwischt, in der Bibliothek. Wir haben uns in der Coffeebar verabredet, wo wir damals nach dem Kino waren. Es kommt mir vor, als sei das schon Jahre her.

Heute ist Selim pünktlich. Er bestellt nur ein Wasser und setzt sich zu mir an den Tisch, ohne mir in die Augen zu sehen.

Ich bestürme ihn sofort mit Fragen: »Selim, was ist los? Warum hast du dich nicht mehr gemeldet? Hat es was mit Yasmin zu tun? Hast du dich in sie verliebt?«

Selim schüttelt den Kopf. »Nein, wie kommst du darauf? Du siehst Gespenster.«

»Hat dir ... hat dir unsere Zeit gar nichts bedeutet?«, frage ich vorsichtig weiter.

»Doch, sie hat mir sehr viel bedeutet«, sagt Selim, »das tut sie immer noch. Ich werde dich immer in meinem Herzen tragen.«

»Hör bloß mit diesem Gesülze von Amr Diab auf!«, bricht es aus mir heraus.

»Okay.« Er sieht kurz auf und seufzt. »Ich wollte Abstand, wir haben uns dauernd gesehen und das war mir einfach zu viel.«

»Dauernd? Das war doch nur in den Weihnachtsferien und selbst da haben wir uns nicht jeden Tag gesehen. Ich hätte dich noch viel öfter sehen wollen und …«

Selim unterbricht mich. »Chiara, genau das ist unser Problem. Du willst mich am liebsten ständig festhalten und ich brauche meinen Freiraum, meine Freunde, meine Hobbys. Das kann nicht funktionieren.«

»Wieso? Wir könnten doch einen Kompromiss machen. Wir treffen uns nur so oft, wie es uns beiden gut tut.«

»Und wie soll das gehen?«, fragt Selim. »Nein, Chiara, ich mag dich wirklich sehr gern, aber ich kann das nicht. Wir sind zu verschieden. Wir passen nicht zusammen, wir kommen aus zwei völlig unterschiedlichen Kulturen.«

»Na und? Selim, ich liebe dich!«

»Aber ich liebe dich nicht genug«, sagt Selim. »Es reicht jedenfalls nicht für eine Beziehung.«

Seine Worte bohren sich wie ein Messer in mein Herz. Mir wird eiskalt und ich bekomme kaum noch Luft.

»Bitte, Selim! Lass es uns noch mal probieren!«, sage ich verzweifelt.

Selim schüttelt den Kopf.

Ich klammere mich an den letzten Strohhalm. »Dann lass uns wenigstens Freunde bleiben.«

»Chiara …« Selim sieht mich genervt an.

Plötzlich geht mir ein Licht auf. »Du wolltest mich nur erobern, stimmt's? Du hast es Hanno also doch erzählt und den anderen von der Band. Du hast mich angelogen!«

Selim sieht sich besorgt um. »Nicht so laut, Chiara!«

»Ich denke gar nicht dran!«, schreie ich ihn an.

Selim rutscht auf seinem Stuhl herum. »Ja, es stimmt, ich war nicht ganz ehrlich. Es tut mir Leid, aber so ist das bei uns in

Ägypten, wir Männer können nichts dafür. Die Frauen sind eben so schön und da …«

»Stopp!«, rufe ich. »*Du* hast das Problem, *du* bist der Jäger. Ihr Männer macht das doch freiwillig, *ihr* fangt damit an. Von wegen, ihr könnt nichts dafür!«

»Chiara, das verstehst du nicht. Das ist unsere Kultur …«

Ich springe auf. »Das muss ich auch nicht verstehen, Selim. Auf Männer wie dich hab ich echt keinen Bock. Und du hast Recht: Wir passen wirklich nicht zusammen. Ciao!«

»Möge Allah dich schützen«, ruft Selim mir nach.

Lass mich bloß mit Allah in Ruhe!

Blind vor Tränen stolpere ich hinaus in die Nacht.

Eine halbe Stunde später klingele ich Sturm bei Mariam.

Sie macht sofort auf. »Chiara, was ist denn los? Ist was passiert?«

»Kann ich reinkommen?«, schluchze ich.

»Klar.« Mariam legt den Arm um mich und führt mich in ihr Zimmer. »Heul dich ruhig aus, wir sind allein. Meine Eltern besuchen mit meiner Schwester ein paar Freunde.«

Ich setze mich auf ihr Bett und Mariam wartet, bis ich wieder einigermaßen reden kann.

»Es ist aus mit Selim. Wir haben uns gerade getrennt.« Kaum habe ich es ausgesprochen, fange ich schon wieder an zu heulen.

»Wieso denn?«, fragt Mariam und sieht mich mitleidig an. »Ihr wart doch so glücklich. In den Weihnachtsferien hast du so geschwärmt.«

Ich packe ihre Hände. »Ja, ich wollte es einfach nicht glauben. Er hat mich nur benutzt! Sobald wir zusammen waren, hat er sich immer mehr zurückgezogen. Eigentlich wollte er mich nur rumkriegen, und als er das geschafft hatte, bin ich uninteressant für ihn geworden.«

Mariam streicht mir übers Haar. »Du Arme! Das tut mir so Leid für dich.«

»Sind alle Männer hier so?«, frage ich sie. »Wollen sie die Frauen nur erobern und dann lassen sie sie eiskalt fallen?«

»Alle nicht«, sagt Mariam, »aber die meisten. Weißt du, es ist wie ein Spiel. Der Mann testet die Frau. Gibt sie nach oder nicht? Du darfst als Frau nie nachgeben, sonst bist du unten durch. Die Frauen, die keinen Mann an sich ranlassen, die bewundern die Männer am meisten.«

»Das ist doch total verrückt! Auf solche doofen Spielchen hab ich echt keine Lust.«

»Ich find es auch schrecklich«, sagt Mariam. »Aber so ist es nun mal.«

»Wie hältst du das bloß aus?«

Mariam lächelt. »Ich bin hier aufgewachsen, ich kenn es nicht anders.«

»Ich schon!«, sage ich und dann kommen mir wieder die Tränen.

Kairo, 26. Januar

Der Ramadan hat angefangen, alle Leute sind fröhlich und feiern nach Sonnenuntergang auf den Straßen und ich könnte ständig heulen.

Wie konnte ich nur auf Selim reinfallen? Wie konnte ich nur so blöd sein? Hätte ich bloß früher auf Hanno gehört! Aber ich wollte es nicht, ich wollte mich in etwas hineinträumen, was gar nicht da war, wie ein kleines Kind. Und irgendwann ist die Seifenblase zerplatzt.

Mit deinen Komplimenten aus *Tausendundeiner Nacht* hast du mich eingewickelt, Selim. So hat es angefangen. Und mit deinem bescheuerten Allah-Spruch hat es aufgehört.

Ich will dich nie wieder sehen, Selim!

Cut!

*

Herr Senft, unser Mathelehrer, klopft mit dem Lineal auf den Tisch.

»Aufwachen, bitte! Ich würde gerne mit euch arbeiten, auch wenn Ramadan ist.«

Ein Stöhnen geht durchs Klassenzimmer. Die meisten Schüler hängen über den Tischen und dösen, weil sie die halbe Nacht auf waren und gefeiert und gegessen haben.

»Schlagt bitte euer Buch auf Seite zwanzig auf«, sagt Herr Senft.

Ich schiebe mein Buch zu Mariam hinüber, die hinter ihrer vorgehaltenen Hand lautstark gähnt. Heute kann selbst sie sich kaum konzentrieren.

Zehn Minuten später kritzelt sie ein paar Worte auf einen Zettel. »Besorgst du mir in der Pause zwei Brötchen und bringst sie mir aufs Klo?«

»Klar«, schreibe ich an den Rand des Zettels.

Mariam hat mir vorhin erzählt, dass sie ihre Tage hat und deshalb nicht fasten darf, aber das soll natürlich keiner mitkriegen, weil es ihr peinlich ist. Die Moslems sind manchmal echt kompliziert!

In der Pause beeile ich mich extra, damit Mariam nicht warten muss. Auf dem Klo versuchen wir, es uns, so gut es geht, gemütlich zu machen. Mariam verschlingt gierig ihre Brötchen und hält sich danach den Bauch.

»Puh, bin ich satt! Aber was ist mit dir? Du isst ja gar nichts.«

»Hab keinen Hunger«, murmele ich.

»Immer noch Liebeskummer?«

»Und wie.« Ich suche nach einem Taschentuch.

Mariam gibt mir eins von ihren. »Lass es raus!«

Ich schluchze ein bisschen und Mariam streicht mir wieder sanft über den Rücken.

»Wenn ich dich nicht hätte!«, schniefe ich.

»Ich bin auch froh, dass es dich gibt«, sagt Mariam. »Übrigens hab ich auch schon mal so was Ähnliches wie du erlebt. Ich hab den Jungen zwar nicht geküsst, aber wir sind stundenlang allein spazieren gegangen. Ja, und dann, eines Tages, ist er plötzlich mit einer anderen spazieren gegangen.«

»Du Arme! Ich hasse ägyptische Männer!«

Mariam lächelt. »Ich leider nicht. Obwohl ich fast nicht mehr an Nour denke.«

»Wenn ich das bloß auch könnte!«, sage ich.

»Du brauchst Ablenkung«, sagt Mariam, »du musst auf andere Gedanken kommen. Hast du Lust, heute Abend mit meiner Familie Iftar zu feiern?«

»Das tägliche Fastenbrechen?«

»Ja, meine Mutter kocht im Ramadan jeden Abend total leckere Sachen und lädt die halbe Nachbarschaft dazu ein. Und sie freut sich immer über Überraschungsgäste, weil wir die riesigen Portionen sowieso nie aufessen können. Und ich freu mich natürlich auch, wenn du kommst.«

»Meinst du wirklich?«

Mariam nickt. »Das ist ein Befehl!«

Ich gebe mich geschlagen. »Okay!«

Zum ersten Mal lerne ich Mariams komplette Familie kennen.

Ihre Mutter macht mir auf. »Herzlich willkommen, Chiara! Komm doch rein, schön, dass du da bist. Ich muss nur gleich wieder in der Küche verschwinden, sonst brennt mir was an …«

Und schon rennt sie wieder hektisch davon.

Mariam stellt mir ihren Vater vor. Ich hatte einen strengen, hageren Mann mit Brille und verkniffenem Mund erwartet, doch stattdessen kommt mir ein fülliger Mann mit vielen Lachfalten um die Augen entgegen.

»Chiara«, sagt er, »gleich ist es so weit, wir dürfen es nicht verpassen!«

Verwundert beobachte ich ihn, wie er das Radio anstellt und die Lautstärke hochdreht. Plötzlich fegt ein Kanonenschuss durch die Wohnung. Dann schallen von draußen die Muezzin-Rufe aus verschiedenen Moscheen herein.

»Allah ist groß!«, sagt Mariams Vater. »Wir haben es geschafft, das Fasten hat heute ein Ende.«

Dann füllt sich der Salon, immer mehr Gäste treffen ein. Ich begrüße tausend Leute und muss tausendmal erklären, wer ich bin.

Als ich wieder mal meinen Spruch aufsage, fängt mein Gegenüber plötzlich an, schallend zu lachen.

»Erkennst du mich nicht? Ich bin's doch, Selims Mutter.«

Beim Namen Selim zucke ich zusammen und werde knallrot.

Aber Frau Rashwan scheint es nicht zu bemerken. »Wie schön, dass wir uns hier zufällig treffen! Ich bin leider allein, meine Familie feiert bei Bekannten und ich komme gerade vom Drehen.«

Mir fällt ein Stein vom Herzen, Selim hätte ich jetzt nicht verkraftet.

»Wie geht es dir denn?«, fragt Frau Rashwan. »Macht dir die Probenarbeit in der Theater-AG Spaß?«

»Ja, sehr«, antworte ich, »in ein paar Tagen haben wir unser erstes Probenwochenende.«

Selims Mutter zieht mich neben sich auf ein Sofa. »Erzähl doch mal! Ihr führt Dürrenmatt auf, nicht wahr? Ein toller Autor, aber sehr schwer zu spielen.«

»Das finde ich auch«, sage ich und erzähle ihr, wie wir immer wieder am Ausdruck und an den Emotionen feilen.

Frau Rashwan hört mir aufmerksam zu. »Ja, beim Theater sind die Emotionen noch viel wichtiger als beim Film. Du bist nackt als Schauspieler und sehr verletzbar, aber gerade das macht natürlich auch den besonderen Reiz aus. Du kannst nicht schummeln mit einer besonderen Einstellung oder indem du einfach ausblendest.«

»Schummeln Sie denn manchmal beim Drehen?«, frage ich.

»Natürlich!«, sagt Frau Rashwan und lacht. »Aber verrate es niemandem, das bleibt unser Geheimnis, ja?«

Ich nicke. »So einen Drehtag stelle ich mir total spannend vor, da feilt man ja bestimmt auch die ganze Zeit an den Einstellungen und am Licht.«

Auf einmal greift Frau Rashwan nach meiner Hand. »Willst du mal mitkommen zum Set?«

»Das … das würde Sie nicht stören?«, frage ich.

»Im Gegenteil, ich bin froh über Zuschauer und vor allem über kritische Stimmen. Also dann ist es abgemacht! Du kommst morgen zum Set. Wir drehen gerade im koptischen Viertel, am besten treffen wir uns vor dem koptischen Museum um zehn Uhr. Ist dir das zu früh?«

»Nein, das passt wunderbar«, sage ich, »ich kann es kaum erwarten!«

Mariams Mutter stellt eine riesige Platte voller Blätterteigtaschen vor uns ab. »Wenn ihr weiter so viel redet, essen wir euch alles weg!«

Das lasse ich mir nicht zweimal sagen. Und schon beim ersten Bissen merke ich, wie hungrig ich eigentlich bin.

*

Als ich am nächsten Tag an der U-Bahn-Station Mar Girgis aussteige, weht mir ein frischer Wind entgegen. Er bläst meinen Albtraum weg, der mich nachts gequält hat: Ich habe von Selims und Yasmins Hochzeit geträumt, einem rauschenden arabischen Fest. Ich musste die ganzen drei (!) Tage dabei sein und miterleben, wie glücklich Selim ist.

Um den Gedanken daran endgültig zu verscheuchen, konzentriere ich mich auf den Stadtplan. Der Weg zum koptischen Museum ist leicht zu finden. Zwei steinerne Löwen bewachen den Eingangsbereich, aber das Kamerateam lässt sich von ihren strengen Blicken nicht beeindrucken. Kreuz und quer laufen sie mit ihren Kabeln herum, verlegen Schienen und betten die Kamera darauf.

Selims Mutter ist der ruhende Pol in dem ganzen Chaos. Trotzdem bekommt sie alles mit und entdeckt mich sofort.

»Chiara, herzlich willkommen am Set! Darf ich dir unser Team vorstellen? Wir sind hier übrigens alle per du. Ich bin Chadiga.«

Sie redet auf Englisch weiter. Die vielen Namen kann ich mir nicht alle merken, bis auf zwei, die der Hauptdarsteller: Sarah und Karim.

»Sarah, Karim, das ist eine junge Kollegin, Chiara, sie spielt Theater an der Deutschen Evangelischen Oberschule.«

Ich werde rot, als Sarah, eine schlanke Achtzehnjährige mit

glänzenden schwarzen Haaren und einem wunderschönen zarten Gesicht, mich aufmerksam mustert.

Zum Glück klatscht Frau Rashwan in dem Moment in die Hände. »Please be quiet! We are starting now.«

Ich setze mich auf einen Steinsockel außerhalb der Reichweite der Kamera.

Die Make-up-Assistentin pudert noch mal Sarahs und Karims Nasen, dann geht es auch schon los.

Sarah läuft auf das Museum zu und schaut sich dabei mehrfach ängstlich um. Die Kamera fährt auf den Schienen neben ihr her. Dann kommt Karim dazu. Sarah zuckt zusammen, als sie ihn sieht. Die beiden begrüßen sich und warten, bis ein paar Statisten vorbeigelaufen sind. Dann sagt Sarah: »I've got to tell you something.«

»Yes?«, fragt Karim.

»I'm pregnant.«

Karim starrt sie mit offenem Mund an, sprachlos.

»And cut!«, ruft Chadiga.

Sie läuft zu den beiden hin und redet auf Arabisch auf sie ein. Es gibt eine zweite Klappe. Diesmal flüstert Sarah ihre Worte und Karim sagt dafür sein »Yes« ganz laut.

Chadiga unterbricht wieder, doch diesmal kommt sie auf mich zu. »Was meinst du, Chiara? Ich möchte diese zentrale Szene noch intensiver haben. Bisher waren die beiden nur lose befreundet, aber jetzt erwartet sie ein Kind und ahnt bereits, dass sie dafür von der Gesellschaft verachtet werden wird, auch von ihrem Freund. Wie könnten wir das hinkriegen?«

Ich denke nach. »Mit starken Gesten und weniger Worten?«

Chadiga klopft mir begeistert auf die Schulter. »Ja, das ist es! Sarah könnte einfach nur auf ihren Bauch zeigen, statt auszusprechen, dass sie schwanger ist. Chiara, du bist ein Schatz!«

Die Szene wird ein drittes Mal wiederholt und diesmal lässt sich Sara noch mehr Zeit zwischen ihrer Ankündigung und der Geste. Dazwischen liegt richtig Spannung in der Luft.

»Bravo, bravo!«, ruft Chadiga. »We've got it!«

Danach basteln die Kameraleute an ihrer Ausrüstung herum. Chadiga winkt mich zu sich herüber.

»Was wird als Nächstes gedreht?«, frage ich sie.

»Nach der Pause kommen ein paar Landschaftsaufnahmen, weil das Licht gerade so schön ist, und später machen wir dann im Museum weiter.«

»Kann ich weiter dableiben?«

Chadiga hält mich am Arm fest. »Ich bitte darum! Ich werde doch meine beste Regieassistentin nicht einfach laufen lassen. Aber könntest du mir einen Gefallen tun? Ich habe einen Riesenhunger. Holst du mir eine Portion Kushari vom Straßenimbiss?«

»Kushari? Was ist das?«

Chadiga lacht. »Du kennst das leckerste arabische Gericht noch nicht? Das sind Nudeln mit Linsen, Zwiebeln, Reis, Kichererbsen und Tomatensoße. Hol am besten gleich zwei Portionen, dann kannst du es probieren. Wir werden unsere Kräfte brauchen, danach musst du mir nämlich helfen, die beste Kameraeinstellung für die Innenszene zu finden.«

»Ich fliege!«, rufe ich ihr zu und laufe los.

*

Die nächsten Tage lerne ich wie verrückt meinen Text, das heißt meine zwei Texte: den Part von Ills Frau und den von Claire. Seit ich beim Dreh dabei war, weiß ich, dass Theater und Film die einzigen Dinge sind, bei denen ich meinen Liebeskummer für ein paar Stunden ausblenden kann.

Und dann ist es endlich so weit: Das Probenwochenende beginnt!

Frau Schweiger macht am ersten Morgen ganz viele Aufwärmspiele: klatschen, durch den Raum gehen und Assoziationen zuwerfen.

Youssef und Rami nutzen jede Gelegenheit, um aufzufallen. Und jedes Mal, wenn sie an mir vorbeikommen, schneiden sie wilde Grimassen. Als sie mir zum dritten Mal dieselbe Grimasse schneiden, richte ich mich stolz auf und hebe huldvoll meine Hand, um ihnen mein gnädiges Wohlwollen zu zeigen. Die beiden sind so verblüfft über meine Reaktion, dass sie einfach stehen bleiben und mich anstarren.

Innerlich jubele ich, äußerlich schreite ich völlig gelassen an ihnen vorbei und setze mich zu den anderen in den Kreis.

»Rami, Youssef!«, ruft Frau Schweiger. »Braucht ihr mal wieder eine Extraeinladung?«

Verlegen lassen sich die beiden neben uns auf den Boden fallen.

Frau Schweiger räuspert sich. »Heute wollen wir mal für kurze Zeit alle unsere Texte vergessen und Pantomime machen. Ihr geht in dieselben Positionen wie sonst und spielt wie sonst, nur alles ohne Worte.«

Sofort kommen abwehrende Kommentare:

»Wie soll denn das gehen?«

»Warum machen wir das?«

Frau Schweiger wartet, bis es wieder ruhig wird. Dann lächelt sie. »Wir möchten doch unseren Körperausdruck verstärken. Nun, das ist die beste Übung dafür! Ohne Worte seid ihr ganz auf euren Körper zurückgeworfen.«

Mir rieseln eiskalte Schauer über den Rücken. Hoffentlich muss ich nicht zuerst auf die Bühne! Auf einmal ist es total still im Raum, alle weichen den Blicken der Lehrerin aus. Die Stille zieht sich in die Länge. Warum meldet sich denn keiner?

Zögernd hebe ich meinen Finger. »Ich könnte die Szene spielen, wo Ills Frau vom Maler das Bild ihres Mannes bekommt und Ill damit verrät, nur weil sie an das Geld von Claire rankommen will.«

»Danke, Chiara, eine gute Idee!«, sagt Frau Schweiger. »Mohammed, unterstützt du Chiara auf der Bühne?«

Ich gehe in meine Anfangsposition hinter dem Ladentisch. Mohammed überreicht mir ein Bild aus Luft. Ich nehme es aus seinen Händen, betrachte es und lasse Freude in mir aufsteigen. Der Maler deutet auf das unsichtbare Bild und sieht mich stolz an. Dann überlege ich, wo ich das Bild aufhängen könnte. Dabei fangen meine Hände plötzlich an zu zittern. Ich hebe den Kopf, als ob ich durch die Decke ins Schlafzimmer sehen könnte, wo mein Mann auf und ab geht. Angst zuckt durch meinen Körper, aber dann ist sie wieder verschwunden, ich sehe am Maler vorbei in die Ferne, mit einer Mischung aus Hoffnung und schlechtem Gewissen.

»Bravo!«, rufen die anderen.

Ich trete mit Mohammed zum Bühnenrand und verbeuge mich. Dabei sehe ich, wie sogar Yasmin klatscht, mit ehrlicher Bewunderung im Gesicht.

»Genau so habe ich mir das vorgestellt«, sagt Frau Schweiger. »Spürt tief in euch hinein. Was fühlt die Person, die ihr darstellt? Zwischen welchen Gefühlen wird sie hin- und hergerissen?« Sie blickt suchend in die Runde. »Wer möchte als Nächstes? Yasmin vielleicht?«

Doch Yasmin wehrt ab. »Ich … äh … bin noch nicht so richtig in Stimmung heute.«

Ob sie gerade an Selim denkt?

Frau Schweiger runzelt die Stirn. »Schade, Yasmin, je mehr man übt, umso besser wird man als Schauspieler, aber das ist deine Entscheidung.«

Während zwei Mitschüler auf die Bühne gehen und ich kurz die Augen zumache, sehe ich Selims Mund vor mir, ganz nah.

Nie wieder werde ich ihn küssen, nie wieder! Wie soll ich das bloß aushalten?

Kapitel 13

»Hast du alles?«, fragt Mama besorgt. »Deine Reiseapotheke, deinen Reisepass, den Impfpass und …«

»Mama!«, unterbreche ich sie. »Ich fahre doch nicht ans Ende der Welt, sondern nur für eine Woche nach Oberägypten.«

Sie versucht zu lächeln. »Ja, ich weiß, deine Mitschüler und die Lehrer sind auch dabei, aber heutzutage passiert so viel, immerhin fliegst du und fährst danach auf einem Schiff …«

»Jetzt mal den Teufel nicht an die Wand«, sagt Papa. »Insha'Allah wird Chiara gesund wieder zurückkommen!«

Hanno guckt auf die Küchenuhr. »Wenn wir uns nicht beeilen, verpasst Chiara noch den Flieger.«

»Heißt das, du kommst auch mit zum Flughafen?«, frage ich.

Hanno nickt. »Ja, ist doch mal was anderes, außerdem hab ich gerade Zeit.«

»Kein Date mit Meike?«, frage ich.

»Nein«, sagt Hanno, »es ist vorbei, die Zicke war mir zu anstrengend.«

Ich muss grinsen. »Gute Entscheidung!«

Papa schleppt meinen Koffer zum Auto. Die Putzfrau und die Köchin warten draußen und erdrücken mich fast mit ihren Umarmungen. Langsam komme ich mir vor wie Claire Zachanassian, als sie in Tanta eintrifft und wie eine Diva empfangen wird.

Papa drückt aufs Gas. Die Straßen zum Flughafen sind nachmittags wie immer überfüllt, aber Papa schlängelt sich todesmutig rechts und links an den Autos vorbei.

»Du fährst schon wie die Ägypter!«, sagt Mama.

»Danke für das Kompliment«, sagt Papa und krampft seine Hände fester ums Lenkrad.

Ich sehe zu Hanno hinüber.

Doch der zuckt nur mit den Schultern und murmelt: »Dicke Luft!«

Mama dreht sich zu mir um. »Ich werd dich vermissen, mein Schatz!«

»Ich dich auch«, sage ich. »Vor allem deinen schönen Rücken, wenn du in dein Skizzenbuch reinfällst.«

Mama lächelt, aber nur kurz. »Vielleicht geht Papa ja doch mal mit in den Club.«

Papa tut so, als hätte er den Vorschlag überhört, und Mama starrt wieder nach vorne auf die Straße.

Ich bin wirklich froh, mal von hier wegzukommen: von den Streitereien meiner Eltern, von Hanno und vor allem von Selim ... Seit wir getrennt sind (über einen Monat ist das jetzt schon her!), laufe ich ihm fast jeden Tag in der Schule über den Weg. Er begrüßt mich jedes Mal so oberflächlich freundlich, als ob wir uns immer nur ganz flüchtig gekannt hätten. Das ist fast noch schlimmer, als wenn er mich gar nicht grüßen würde.

Ich starre aus dem Fenster und wünschte, dass ich mit jedem Kilometer ein Stück von Selim zurücklassen könnte.

Dann sind wir endlich am Flughafen. Ich kann gerade noch verhindern, dass Mama mit zum Schalter kommt, wo wir uns mit unserer Klasse und den Parallelklassen treffen.

»Pass auf dich auf!«, sagt Mama.

»Genieß die Freiheit!«, sagt Hanno.

Papa nimmt mich kurz in den Arm. »Grüß mir die Pharaonen!«

Ohne mich noch mal umzusehen, ziehe ich meinen Koffer hinter mir her und laufe zum Treffpunkt.

Schon von weitem sehe ich einen Berg von Koffern und Tüten, dazwischen schreiende Schüler und gestresste Lehrer. Gleich vier Lehrer passen auf uns auf: Frau Schweiger, die beiden anderen Klassenlehrer und ein ägyptischer Kollege.

Mariam entdeckt mich zuerst und winkt wie eine Verrückte. »Hallo, Chiara!«

»Hi, Mariam!«

Wir umarmen uns. Dann stelle ich meinen Koffer ab und lege mir mein grünes Tuch vom Bazar um die Schultern. Im Flugzeug ist es bestimmt wieder kühl.

Plötzlich tuscheln neben mir Dina und Rami auf Arabisch und deuten dabei auf mich.

»Ihr seid doch so gut in Deutsch«, sage ich zu ihnen. »Dann könnt ihr mir sicher übersetzen, worüber ihr gerade geredet habt.«

Dina starrt mich verblüfft an.

Rami fängt vor lauter Verlegenheit an zu kichern. »Wir haben uns nur darüber unterhalten, wie toll du heute aussiehst mit deinem Tuch, wie eine berühmte Schauspielerin.«

Natürlich weiß ich, dass er lügt, aber das ist mir egal. Ich werfe mich in eine völlig übertriebene Pose und hauche: »Danke!«

Die beiden kugeln sich vor Lachen.

Mariam hakt sich bei mir unter und flüstert mir ins Ohr: »Das war super, Chiara!«

»Kinder, es geht los«, ruft Herr Thomas, der Klassenlehrer der 10b2.

Mariam tritt von einem Bein aufs andere. »Ich freu mich schon so!«

»Ich freu mich auch«, sage ich.

Und das stimmt wirklich.

Luxor, 1. März

Ich hab mir extra ein Heft gekauft und will ein Reisetagebuch führen.

Wir sind auf einem richtigen Nilschiff, wie in *Tod auf dem Nil* von Agatha Christie – aber ich hoffe natürlich, dass ich hier lebend wieder rauskomme!

Vor fünf Stunden sind wir in Luxor gelandet, auf einem winzigen Flughafen, und das Erste, was mir aufgefallen ist, war die Luft. Es riecht hier ganz anders als in Kairo! Es riecht nach heißer Erde und Sand – kein Wunder, wir sind ja jetzt auch viel südlicher. Es ist auch viel heißer als in Kairo, wir haben hier sechsundzwanzig Grad!

Mit einem Bus, auf den oben unsere Koffer geschnallt wurden, hat man uns zum Schiff gebracht. Wir mussten durch drei Schiffe durchgehen, bis wir zu unserem Schiff kamen, weil hier so viele Schiffe am Ufer liegen, dass sie sich hintereinander »stapeln« müssen.

Ich teile mir mit Mariam eine Kabine. Wie sind am Bug des Schiffes und haben sogar einen kleinen Balkon mit Liegestühlen, ein super Luxus! Oben gibt es ein Sonnendeck mit einem kleinen Swimmingpool und unten ist das Restaurant, wo wir morgens, mittags und abends am Buffet so viel essen können, wie wir wollen.

Kaum waren wir in Luxor angekommen, ging es auch schon zur ersten Besichtigung: zum Luxor-Tempel. Dort ist gerade die Sonne über den Pylonen und Säulen untergegangen und dann kam der Mond, eine wunderschöne Sichel, die sich wie eine Götterschale zwischen den Mauern niedergelassen hat.

Die zwei sitzenden Ramses-Figuren am Eingang schauten majestätisch in die Ferne, über die lächerlichen Touristen hinweg.

Früher hätten wir als Normalsterbliche gar nicht hierher gedurft. Nur die Priester und der Pharao hatten Zutritt. Einmal im Jahr, nach der Nil-Überschwemmung, haben die Priester das heilige Schiff des Gottes Amun aus dem Tempel von Karnak über die Sphinxen-Allee bis zum Luxor-Tempel getragen und für eine fruchtbare Ernte gebetet.

Inzwischen kann ich verstehen, warum Papa sich so für Ägypten begeistert. In den letzten Wochen habe ich jede Menge Bücher über die alten Ägypter verschlungen. Ich wünschte, ich könnte durch die Zeiten reisen, überall einen Film drehen und damit wieder in die Gegenwart zurückkehren. Dann würde ich bestimmt auch ins Alte Ägypten reisen, mich als Priesterin verkleiden und in den Tempel einschmuggeln.

Würdest du dir dann meinen Film ansehen, Selim? Jetzt denke ich doch wieder an dich!

Was machst du gerade? Spielst du Geige? Spiel mir ein Lied, damit ich einschlafen kann. Nein, lieber doch nicht, sonst träume ich nur wieder von dir und Yasmin. Sie ist leider auch mit dabei.

Hoffentlich kann ich ihr morgen die meiste Zeit aus dem Weg gehen.

Am nächsten Morgen klingelt der Wecker schon um fünf.

Mariam ist sofort wach und zieht mir die Decke weg. »Aufstehen, Schlafmütze, oder willst du das Tal der Könige verpassen?«

»Nein«, sage ich, »aber warum müssen wir das eigentlich mitten in der Nacht besichtigen?«

Mariam lacht. »Weil es dort ab Mittag unerträglich heiß wird.«

Das leuchtet mir ein. Schnell stehe ich auf und bin als Erste unter der Dusche.

Als wir uns nach dem Frühstück in der Lobby versammeln, zählen die Lehrer uns durch.

»Hat jemand Yasmin gesehen?«, fragt Frau Schweiger.

Nora, ihre Pultnachbarin, drängt sich nach vorne. »Ich hab sie zweimal geweckt, aber sie hat einfach weitergepennt. Wahrscheinlich liegt sie immer noch im Bett.«

Frau Schweiger guckt auf die Uhr. »Wir können nicht auf sie warten, sonst kommt unser Zeitplan durcheinander.« Rasch tauscht sie einen Blick mit Herrn Rateb, dem ägyptischen Lehrer. »Das gibt allerdings ein Nachspiel!«

Mir fällt ein Stein vom Herzen, jetzt muss ich Yasmin nicht mal aus dem Weg gehen!

Als der Bus losfährt, dämmert draußen der Tag heran. Wir fahren an Zuckerrohrfeldern vorbei über eine Brücke auf die andere Seite des Nils. Und dann, nur ein kleines Stück weit weg vom Nil, beginnt plötzlich die Wüste. Wir biegen in eine staubige Straße ein und kurz darauf hält der Busfahrer auf einem Parkplatz.

In dem Moment geht endlich die Sonne auf.

»Alles raus hier, wir steigen um in die Bimmelbahn«, sagt Herr Rateb.

Ich quetsche mich neben Mariam in einen der kleinen Wagen. Der Fahrer, ein junger Ägypter in einer Galabija, fährt uns das letzte Stück der Straße hoch bis zum Beginn des eigentlichen Tals. Herr Rateb besorgt die Eintrittskarten und verteilt sie an uns.

»Leider dürfen wir in den Gräbern keine Führung machen«, sagt Frau Schweiger. »Wir werden also in mehreren Gruppen drei Gräber anschauen und dann erst hinterher darüber sprechen. Und wer seine Gruppe verlieren sollte: In anderthalb Stunden treffen wir uns wieder hier.«

Ich sorge dafür, dass ich mit Mariam in Frau Schweigers Gruppe komme. Mit dabei sind auch noch Dina, Youssef, Rami und Katharina.

Als Erstes besichtigen wir das Grab von Tutanchamun. Innen ist es feucht und stickig. Im Vergleich zu den Schätzen im Ägyptischen Museum wirkt das Grab fast kahl und ziemlich klein. Wie da die ganzen Schätze hineingepasst haben sollen, ist mir ein Rätsel.

»Guck mal, die lustigen Paviane!«, sage ich zu Mariam und zeige auf die Wandmalereien. »Was die wohl für eine Bedeutung haben?«

Hinter mir machen Youssef und Rami laut Affengeräusche.

Ich zeige ihnen einen Vogel und gehe weiter.

Mariam erklärt mir, dass die Paviane die Tore zum Jenseits öffnen. »Und siehst du die Barke mit dem Skarabäus? Der Skarabäus steht für die Sonne und auf der Barke fährt der Pharao hinüber ins Jenseits.«

Katharina gähnt demonstrativ.

»Wenn du dich langweilst, kannst du gerne schon rausgehen«, sagt Frau Schweiger verärgert.

Darauf hat Katharina nur gewartet. Sie spurtet in Richtung Ausgang – doch kurz davor stolpert sie und fällt hin.

»Aua!«

Frau Schweiger ist sofort bei ihr. »Hast du dich verletzt? Kannst du aufstehen?«

Katharina versucht es, verzerrt aber vor Schmerz das Gesicht und hält ihr Bein.

Frau Schweiger tastet das Bein ab. »Ich glaube, es ist gebrochen. Kann mir mal jemand helfen? Wir müssen Katharina tragen.«

Mariam und ich nicken uns zu und laufen zu der Verletzten. Vorsichtig heben wir sie zu dritt hoch.

»Keine Angst!«, sagt Frau Schweiger zu Katharina. »Wir bringen dich so schnell wie möglich ins Krankenhaus.«

Plötzlich hat Katharina Tränen in den Augen. »Ich will aber nicht in ein ägyptisches Krankenhaus!«

»Beruhige dich doch!«, sagt Frau Schweiger. »Warum denn nicht? Nun sei nicht albern!«

Aber jetzt regt Katharina sich erst recht auf. Wir müssen sie wieder absetzen und Frau Schweiger holt Hilfe. Inzwischen drängt sich unsere ganze Gruppe um Katharina.

»Du Arme!«

»Halt durch!«

»Es ist bestimmt nicht so schlimm!«

Mariam kniet sich neben Katharina auf den Boden und streichelt ihre Hand. Langsam wird Katharina ruhiger. Wie in Trance murmelt sie immer wieder denselben Satz vor sich hin: »Ich will wieder nach Deutschland, ich will wieder nach Deutschland …«

Szene Sechs; innen/Tag

DEUTSCHE KLEINSTADT/DOPPELHAUSHÄLFTE/CHIARAS ZIMMER

Chiara sitzt mit Doro auf ihrem roten Sofa und sieht fern. In der Hand hält sie ein Los. Schwenk zum Fernseher. Es läuft eine Fernsehlotterie, bei der man Reisen in viele verschiedene Länder gewinnen kann. Der Showmaster gestikuliert wild mit den Händen.

DER SHOWMASTER:
Unsere nächste Reise geht ins sagenumwobene Land der Pharaonen. Zwei traumhafte Wochen warten auf den glücklichen Gewinner, eine Woche Nilkreuzfahrt und eine Woche Kairo! Und das Ganze für zwei Personen.
DORO:
(kichernd)
Hoffentlich gewinnst du die Reise nicht, das wäre ja ein Albtraum für dich!
CHIARA:
Keine Panik, ich hab bei so was eh nie Glück.

Trommelwirbel. Der Showmaster greift in die große Trommel mit den Losen. Ganz langsam faltet er das Los auf.

DER SHOWMASTER:
Und die Reise geht an ... sie geht an die glückliche Gewinnerin ... Chiara Lorenz!

Zoom auf Chiaras Gesicht: Erst ist sie wie erstarrt, dann breitet sich ein glückliches Lächeln auf ihrem Gesicht aus.

Chiara:
(springt auf)
Ich hab gewonnen, ich hab gewonnen, ich hab gewonnen!!!
Doro:
(verblüfft)
Du freust dich? Ich dachte, du willst nie wieder nach Kairo?
Chiara:
Doch, ich will! Ich hab solche Sehnsucht nach Ägypten, nach der Wärme und den Menschen und den verrückten Shopping-Malls und den Tempeln.
Doro:
Nimmst du mich mit?
Chiara:
(zögernd)
Weiß nicht, vielleicht fahre ich gar nicht zu zweit, sondern ganz alleine. Nur so kannst du die Stadt nämlich richtig kennen lernen.

Chiara lässt sich zurück aufs Sofa fallen.

Chiara:
(wie in Trance)
Kairo, Kairo, Kairo …

Frau Schweiger kommt mit Herrn Rateb zurück.

»Ich weiß ein gutes Krankenhaus!«, sagt der Lehrer zu Katharina. »Du brauchst dir keine Sorgen zu machen, dort wirst du gut versorgt.«

Und schon hebt er Katharina mit seinen starken Armen hoch und trägt sie zur Bimmelbahn.

Frau Schweiger sieht den beiden nach und seufzt.

»So ein Pech!«

»Ja«, sage ich, »und ausgerechnet am Anfang der Reise muss ihr das passieren.«

Frau Schweiger nickt. Dann sieht sie mich plötzlich nachdenklich an.

»Was ist?«, frage ich.

»Nichts«, sagt sie. »Ich habe nur über etwas nachgedacht.«

Assuan, 6. März

Leider hab ich es doch nicht geschafft, jeden Tag zu schreiben, aber es war so viel los, dass ich einfach nicht dazu gekommen bin.

Das Wichtigste zuerst: Katharina hat sich tatsächlich das Bein gebrochen. Sie bekam ein dickes Gipsbein, auf dem wir alle unterschrieben haben, und dann musste sie bis Assuan die ganze Zeit auf dem Schiff verbringen. Heute früh kam ihre Mutter und ist mit ihr zurück nach Kairo geflogen. Yasmin ist am zweiten Tag wieder zu spät aufgestanden und musste danach zur Strafe auch einen Tag auf dem Schiff bleiben. Und jetzt kommt das Beste: Frau Schweiger hat mich gefragt, ob ich Lust hätte, bei der Aufführung die Claire zu spielen, weil Katharina ja jetzt ausfällt und Yasmin zu unzuverlässig ist.

Ich hab sofort Ja gesagt und kann es immer noch nicht glauben. Ich werde die Hauptrolle spielen! Die anderen haben die Neuigkeit irgendwie mitbekommen und mir gleich gratuliert, bis auf Yasmin natürlich, die war tierisch sauer.

Bei dem Gedanken an die Aufführung kriege ich jetzt schon Lampenfieber. Andererseits kann ich es kaum noch erwarten, bis wir wieder in Kairo sind, obwohl die Reise wirklich sehr viel Spaß macht.

Inzwischen sind wir also auf dem Nil über Esna und Edfu bis nach Assuan gefahren. Immer wieder gab es etwas Neues am Ufer zu sehen: Palmen, Zuckerrohr, kleine Lehmhütten, Zäune aus Lehm und Schilf, felsige Hügel, und manchmal fing direkt hinter dem Ufer die Wüste an. Den Geruch des Nils werde ich nie vergessen: Er riecht nach Schlamm, Stroh und Wärme und etwas Fremdem, das ich nicht beschreiben kann.

Die Tempel in Esna und Edfu sind im Gegensatz zu den großen Anlagen von Luxor und Karnak winzig, aber trotzdem sehr schön. Am besten hat mir ein Relief im Horus-Tempel in Edfu gefallen. Dort ist das erste Theaterstück der Welt in Stein gemeißelt, mit einer Vorgeschichte des Erzählers, den Kämpfen von Horus gegen seinen Bruder Seth und einer Moral am Schluss: »Nach dem Kampf ist vor dem Kampf.« Das Böse (symbolisiert durch das Schwein!) ist immer da, es ist in jedem Menschen und der Mensch selbst hat es in der Hand, ob er die Ketten löst und das Böse herauslässt oder nicht.

Ich will das Böse nicht herauslassen, oder höchstens auf der Bühne!

Heute besichtigen wir noch den Assuan-Staudamm, den Botanischen Garten und den Isis-Tempel auf der Insel Philae. Und abends gehen wir alle in ein Shisha-Café.

Kapitel 14

Zweieinhalb Monate später klopft es frühmorgens an meiner Tür. »Was ist denn?«, rufe ich verschlafen.

Kurz darauf steht auch schon meine ganze Familie im Zimmer und singt *Happy Birthday*. Meine Mutter balanciert eine Torte mit sechzehn brennenden Kerzen und stellt sie auf meinem Nachttisch ab.

»Blas sie aus und wünsch dir was!«

Ich puste, so fest ich kann. Dann mache ich die Augen zu und wünsche mir, dass ich mich bei der Aufführung in zwei Wochen nicht blamiere.

»Alles Gute, Chiara!«, sagt mein Vater und drückt mir ein flaches Päckchen in die Hand.

Ich reiße das Papier herunter und halte ein Buch von einem Keith Johnstone in den Händen. Fragend schaue ich meinen Vater an.

»Das ist der Begründer des Improvisationstheaters«, erklärt Papa. »Da stehen viele Theaterspiele drin und auch eine Biografie von Johnstone, die ist sehr interessant.«

Jetzt erinnere ich mich, dass Frau Schweiger den Namen mal erwähnt hat. »Toll, danke!«

Hanno hat eine CD für mich. »Sorry, ich hatte leider kein Geschenkpapier.«

Auf den ersten Blick erkenne ich das Gesicht von Amr Diab, das mir sofort einen Stich versetzt.

»Du magst doch auch inzwischen ägyptischen Pop, oder?«, sagt Hanno.

Ich nicke. »Stimmt. Die Lieder von ihm sind wirklich gut. Ich hab bei einem Freund schon mal reingehört in die CD. Danke dir!«

Hanno ist erleichtert.

Zum Schluss steckt mir Mama noch einen Umschlag zu. Mit den Fingern ertaste ich einen Geldschein.

»Na ja«, sagt Mama, »weil ich nie so richtig deinen Geschmack getroffen habe, dachte ich, du erfüllst dir vielleicht lieber selber einen Wunsch.«

»Danke, Mama!«

Was ist denn heute in meine Familie gefahren? Warum sind plötzlich alle so nett zu mir? Heben sie sich ihre Freundlichkeiten extra für besondere Gelegenheiten auf, wenn ich wegfahre oder Geburtstag habe?

Papa guckt auf seine Armbanduhr. »Oh, ich muss los. Tut mir Leid, Chiara, ich kann nicht mit dir frühstücken, heute ist eine wichtige Pressekonferenz.« Er drückt mir einen flüchtigen Kuss auf die Wange und verschwindet.

»Viel Spaß!«, ruft Mama ihm wütend hinterher.

Alles klar, es hat sich also doch nichts geändert!

Mama schluckt ihren Ärger runter und lächelt mich an. »Im Wohnzimmer wartet übrigens noch eine Überraschung auf dich.«

Was kann das sein? Ich laufe zur Treppe und nehme zwei Stufen auf einmal. Mitten im Wohnzimmer steht Mariam.

»Was machst du denn hier?«, rufe ich und falle ihr um den Hals.

»Na was schon?«, sagt sie. »Dir zum Geburtstag gratulieren, natürlich.«

»Das ist aber lieb von dir! Komm, du musst mit uns frühstücken.«

Wir setzen uns an den gedeckten Tisch und ich schneide meine Geburtstagstorte an. Als wir alle das erste Stück verdrückt haben, sieht mich Mariam lächelnd von der Seite an.

»Wunderst du dich gar nicht, dass ich kein Geschenk dabeihabe?«

»Nein, du bist doch das Geschenk!«, erwidere ich.

Mariams Lächeln wird immer breiter. »Dein Geschenk lässt sich leider schlecht transportieren. Da musst du dich schon von mir entführen lassen, aber nimm Hut und Sonnenbrille mit.«

»Du machst es ja spannend. Also los, dann lass uns jetzt gleich gehen. Ich bin viel zu neugierig!«

»Okay«, sagt Mariam.

Ich hole schnell meine Sachen und verabschiede mich von Mama und Hanno.

»Wann bist du zurück?«, fragt Mama.

Ich sehe Mariam an.

»Erst heute Abend«, antwortet sie.

Mariam schlägt den Weg zum Nil ein.

»Was hast du vor? Willst du schwimmen?«, frage ich.

»Nein«, sagt Mariam. »Das Wasser ist doch viel zu dreckig. Wir machen was viel Besseres.«

Mehr verrät sie nicht, bis wir am Ufer sind. Dort wartet die halbe Klasse auf mich: Dina und Laila, Youssef und Rami und all die anderen, mit denen ich seit der Oberägyptenfahrt öfter zusammen im Kino oder im Café war.

Ich kriege so viele Küsschen wie noch nie an meinem Geburtstag und ein lautes, schrecklich falsches Geburtstagsständchen. Dann nehmen mich Mariam und Dina in die Mitte und führen mich die Stufen zum Anlegesteg hinunter.

Mariam deutet auf ein Segelboot. »Diese Feluke gehört heute uns. Wir machen einen Geburtstagsausflug auf dem Nil!«

»Surprise-Party!«, ruft Laila.

Ich kann es noch nicht glauben. »Ihr seid verrückt. Woher wusstet ihr das? Ich wollte schon immer mal mit so einer Feluke fahren.«

»Dann wird es höchste Zeit«, sagt Rami. »Komm endlich!«

Unser Skipper, ein junger, braun gebrannter Mann in einer Galabija, hilft mir auf das schwankende Boot. Die Bänke sind mit geblümten Sitzpolstern bedeckt und das Sonnensegel in der Mitte spendet Schatten. Ich suche mir einen Platz unter dem Sonnensegel aus, damit ich keinen Sonnenbrand bekomme. Nun drängen sich auch die anderen zu mir auf das Boot. Als alle sitzen, ist keine Ecke mehr frei.

»Ready?«, fragt der Skipper.

»Ja!«, rufen wir.

Der Skipper holt das Tau ein und lenkt das Boot geschickt vom Ufer an den anderen Booten vorbei in die Mitte des Flusses. Sofort wird die Luft angenehm kühl und ein leichter Wind kräuselt die Wellen.

Laila und Youssef packen ihre mitgebrachten Körbe aus. Auf dem Tisch in der Mitte türmen sich Fladenbrote, gefüllte Weinblätter, Blätterteigtaschen, Bonbons und Coladosen.

»Damit du uns an deinem Geburtstag nicht verhungerst«, sagt Youssef und stürzt sich auf die Blätterteigtaschen.

Lachend sehe ich ihm dabei zu. »Ihr seid toll! Das ist die schönste Geburtstagsüberraschung, die ich je hatte.«

»Übertreib nicht«, sagt Mariam, aber ihre Augen glänzen vor Stolz.

Ich lehne mich zurück und lasse den Wind um meine Nase streichen. Wir treiben gemächlich an den neuen Hochhäusern von Maadi vorbei. Die Sonne spiegelt sich in den großen Glasfronten. Der Straßenlärm dringt nur wie ein schwaches Echo herüber. So ruhig kann es also auch in Kairo sein!

In dem Moment dröhnt arabische Musik an mein Ohr. Rami hat einen CD-Player mitgebracht und auf volle Lautstärke gedreht. Ich will ihn gerade bitten, leiser zu stellen, da fangen alle an, im Takt zu klatschen, mitzusingen und auf den Bänken zu schunkeln, bis die Feluke gefährlich ins Wanken gerät. Dabei lachen sie mir zu.

Und schließlich kann ich nicht anders, ich muss einfach mitklatschen und mitsingen und mitschunkeln. Wir singen so lange, bis wir heiser werden.

Plötzlich springt Youssef auf und holt seine Kamera. Das ist offenbar das Stichwort für Mariam und drei andere und auf einmal bin ich mitten im Blitzlichtgewitter.

»Hört auf!«, rufe ich und halte mir schützend die Hände vors Gesicht.

Dina nimmt sie mir wieder weg. »Daran musst du dich jetzt gewöhnen, schließlich wirst du bald berühmt.«

»Ich und berühmt?«, sage ich und muss lachen.

Dina formt die Hände zu einem Lautsprecher: »Hier ist sie, die zauberhafte Chiara Lorenz! Mit ihrer emotionsgeladenen Interpretation der Claire Zachanassian ist sie der Star von morgen und wir haben heute schon die Ehre, mit ihr Geburtstag feiern zu dürfen.«

»Auf Chiara!«, ruft Mariam laut und hebt ihre Coladose hoch.

»Auf Chiara!«, rufen die anderen.

Vor lauter Lachen verschlucke ich mich glatt an meiner Cola.

Zwei Wochen später ist mir überhaupt nicht mehr zum Lachen zumute. Ich sitze in meiner Garderobe vor dem Schminktisch und habe vor Lampenfieber Bauchweh und eiskalte Hände. Und mit diesen eiskalten Händen versuche ich gerade verzweifelt Lidschatten aufzutragen. Zum ersten Mal benutze ich Hannos Schminkset, aber ich stelle mich so doof an, dass ich ständig mit dem Pinsel verrutsche.

Da klopft es an der Tür. Frau Schweiger kommt herein und an ihren fahrigen Bewegungen merke ich, dass auch sie ziemlich aufgeregt ist.

»Ich wollte dir noch toi, toi, toi wünschen! Du wirst wunderbar spielen, das weiß ich. Und denk immer dran: Der Text ist nicht so wichtig, wichtig ist, dass du in deiner Rolle bleibst. Wenn dir der Text mal nicht einfällt, improvisier einfach etwas, das zur Stimmung von Claire passt.«

»Improvisieren hab ich ja inzwischen gelernt«, sage ich und versuche, möglichst zuversichtlich zu klingen. »Es wird schon schief gehen.«

Frau Schweiger hält beide Daumen nach oben und zieht sich zurück. Sofort sinkt mein Mut wieder in den Keller. Ich wische den Lidschatten weg und versuche es noch mal neu. Diesmal klappt es, jetzt fehlt nur noch der Lippenstift und dann kann ich die Perücke aufsetzen. Gerade als ich mit den Lippen fertig bin, klopft es wieder.

»Wer ist da?«, frage ich.

»Ich bin's, Mariam.«

»Komm rein.«

Mariam trägt ein schwarzes Cocktailkleid, ist dezent geschminkt und sieht einfach umwerfend aus.

»Könntest du nicht für mich auf die Bühne gehen?«, frage ich sie.

Mariam wehrt sofort ab. »Damit würde ich dir keinen Gefallen tun. Ich würde knallrot werden und keinen Ton herausbringen.«

Ich seufze. »Genauso wird es auch bei mir sein.«

»Unsinn!«, sagt Mariam. »Du wirst wunderbar spielen.«

»Genau dasselbe hat die Schweiger auch gesagt.«

»Mit Recht. Und selbst wenn du Fehler machst, wird es keiner merken. Wer kennt schon den Text auswendig? Ich jedenfalls nicht.«

»Danke!«

Mariam mustert mein Make-up. »Perfekt! Soll ich dir beim Anziehen helfen?«

»Gern.«

Die Perücke ist ein graues, widerspenstiges Ungetüm, das sich erst nach drei Versuchen auf meinen Kopf zwingen lässt. Danach hilft mir Mariam noch, die drei Tücher vom Bazar festzustecken.

»Den Rest schaffe ich alleine, danke dir.«

»Viel Glück!«, sagt Mariam zum Abschied.

Als ich wieder alleine bin, hole ich ein Parfüm aus meiner Tasche, das Parfüm, das Selim mir mal geschenkt hat. Heute zu diesem Stück und zu dieser schwerreichen Frau passt es wunderbar. Ich tupfe mir ein paar Tropfen auf die Ohrläppchen.

Da klopft es schon wieder.

»Ich brauche Ruhe!«, rufe ich.

Im Spiegel sehe ich, wie jemand langsam die Tür öffnet.

Selim!

»Entschuldige«, sage ich und starre ihn an, »das gilt nicht für dich. Komm rein.«

Zögernd macht Selim die Tür ganz auf. Er hat einen Geigenkasten unter dem Arm.

»Ich wollte dir alles, alles Gute wünschen. Und viel Applaus und Rosen und Ruhm.«

»Danke«, sage ich und versuche, nicht in seine wunderschönen Augen zu sehen. Dann zeige ich auf den Geigenkasten. »Hast du heute noch Geigenstunde?«

Selim schüttelt den Kopf. »Nein, die habe ich für dich mitgebracht, ich dachte, ich könnte dir etwas vorspielen, um dich ein bisschen abzulenken. Nur wenn du willst, natürlich.«

Ich nicke stumm.

Selim packt seine Geige aus und klemmt sie sich unter das Kinn. Dann fängt er an zu spielen, eine zarte, arabische Melodie, deren Töne sich ineinander verschlingen und nach einer Weile wiederholen.

Ich schließe die Augen und sehe meinen Film wieder vor mir: Selim und ich auf der Bühne, wie er spielt und mich seine Musik so betört, dass meine Rache zu Staub zerfällt.

Selim spielt schneller. Ich sehe noch einmal die Bilder unserer Liebe, wie Dias, kurz hintereinander geschaltet.

Selim spielt noch schneller. Die Bilder rauschen jetzt an mir vorbei und mir wird schwindelig wie einem Derwisch, der sich dauernd im Kreis dreht und in Ekstase gerät.

Plötzlich hört Selim auf zu spielen und lässt die Geige sinken. Schweigend sehen wir uns an. Dann kommt Selim auf mich zu und umarmt mich.

»Entschuldige«, flüstert er in mein Haar.

Als er mich loslässt, fällt alles von mir ab. Auf einmal fühle ich mich ganz leicht, so als würde ich schweben.

An Selim vorbei gehe ich zur Bühne. Sobald mein Stichwort fällt, bin ich Claire mit jeder Faser meines Körpers. Ich spüre das Publikum, aber gleichzeitig ist es weit, weit weg.

»Schön, dass du gekommen bist«, sagt Nour.

»Das habe ich mir immer vorgenommen, mein Leben lang, seit ich Tanta verlassen habe«, antworte ich.

Und dann vergesse ich die Zeit, spiele und spiele, bis der Vorhang fällt. Hand in Hand, eine große Kette, treten wir Schauspieler vors Publikum. Der Applaus überschwemmt mich. Ich verbeuge mich tief und plötzlich weiß ich es ganz genau: Auch nach diesen drei Jahren werde ich wieder nach Kairo fliegen.

Wer einmal Nilwasser getrunken hat, kommt immer wieder zurück.

Ende

Glossar

Ahlan we salahn!	Herzlich willkommen! Wird oft mindestens fünfmal wiederholt, wenn man zum ersten Mal ein Geschäft oder eine Wohnung betritt.
Ahlan bîk!	Sei ebenfalls willkommen! (Antwort)
Allahu akbar	Gott ist groß; Beginn des Muezzin-Rufs, der die Gläubigen in die Moschee zum Gebet einlädt.
As salamu aleikum!	Friede sei mit dir!
Aleikum as salam!	Auch mit dir sei Friede! (Antwort)
Bakschisch	Trinkgeld; oft bieten Leute auf der Straße eine kleine Dienstleistung an und wollen dafür Bakschisch. Dahinter stecken nicht selten große Armut und bitterer Überlebenskampf.
Derwisch	Islamischer Gläubiger, der den Sufismus (eine mystische Glaubensrichtung) als Lebensform praktiziert; bekannt sind die Derwische für ihre ekstatischen Wirbeltänze, mit denen sie auf eine höhere mystische Ebene gelangen wollen.

Dokki	Vornehmerer Stadtteil in Kairo; dort sind die deutsche Schule, viele Boutiquen, Banken und Geschäftshäuser.
Eh da?	Was ist das?
Fi muschkila?	Gibt's ein Problem?
Anta malak!	Kümmere dich um deine eigenen Sachen!
	Alle drei Sätze sind geeignete Schimpfwörter bei aufdringlicher Anmache.
Fatiha	Die Eröffnungs-Sure des Korans; sie wird bei allen wichtigen Gelegenheiten gebetet, z. B. bei Hochzeiten, Beerdigungen und auch beim Freitagsgebet.
Feluke	Zweimastiges, ca. 15 m langes Segelboot mit nach vorne geneigten Masten.
Fuul	Ein dicker Brei aus gekochten braunen Bohnen, Zitronensaft, Sesamsoße, Gewürzen und Öl.
Galabija	Knöchellanges Kleid aus Baumwolle der ärmeren Bevölkerungsschicht; in der Öffentlichkeit sieht man damit vor allem Männer, Frauen tragen es auch als Hauskleid.
Iftar	Das Fastenbrechen am Ende jeden Tages im Ramadan, wenn die Sonne untergegangen ist; Iftar wird meist groß gefeiert, mit leckerem Essen und zusammen mit Nachbarn und Freunden.
Insha'Allah!	So Gott will!

KHAN EL-KHALILI	Bei Touristen (und auch bei Einheimischen) beliebter Bazar für Kunsthandwerk in Kairo.
KOPTEN	Die christlichen Nachkommen der Ägypter des Altertums; sie sind in der Mehrzahl orthodoxe Christen, zum Teil auch Unierte, die sich der römisch-katholischen Kirche angeschlossen haben; die Kopten sind eine religiöse Minderheit im islamisch geprägten Ägypten.
KUSHARI	Beliebtes, sehr preiswertes Nudelgericht mit Linsen, Röstzwiebeln, Reis, Kichererbsen und einer würzigen Tomatensoße; Kushari wird an vielen Straßenständen in Kairo verkauft.
MAADI	Südlicher, vornehmerer Stadtteil von Kairo etwas außerhalb vom Zentrum; dort wohnen viele Amerikaner, Engländer und Deutsche, vor allem deutsche Lehrer.
MASCHRABIJEN	Die kunstvoll gedrechselten Fenstergitter der alten arabischen Häuser; man kann von innen durchsehen, ohne von außen gesehen zu werden. Gut sind die Gitter bei heißem Klima, weil sie die Luft zirkulieren lassen und trotzdem Schatten bieten.
MALESH!	Macht nichts! Tut mir Leid!
MUEZZIN	Der Gebetsrufer, der fünfmal täglich vom Minarett der Moschee den Gläubigen die Gebetszeit ankündigt; mittlerweile wird er oft durch Tonband und Lautsprecher ersetzt.

RAMADAN	Fastenmonat im Islam (der neunte Monat des islamischen Mondjahres); vom Morgengrauen bis zum Sonnenuntergang verzichten die Fastenden auf Essen, Trinken und Rauchen. Nachts gibt es viele Feste und religiöse Andachten. Mit dem Fest des Fastenbrechens endet der Ramadan.
SCHUHE AUSZIEHEN	In der Moschee und auch in ägyptischen Privatwohnungen zieht man die Schuhe aus, um die Reinheit des Ortes nicht zu zerstören. (Vor jedem Gebet müssen die Muslime eine rituelle Waschung vornehmen.)
SHAI	Schwarztee
- SADA	- ohne Zucker
- RIHA	- mit einer Prise Zucker
- MASBUT	- mit einem ordentlichen Löffel voll Zucker
- ZIYADA	- Zucker mit etwas Tee
- BI-NANA	- Schwarztee mit frischen Pfefferminzblättern
SHISHA	Orientalische Wasserpfeife; der meist aromatisierte Tabak wird mit Holzkohle erhitzt, im Schlauch der Pfeife zirkuliert das Wasser.
SHISHA-CAFÉ	Café, wo man sich eine Wasserpfeife ausleihen und unter bis zu hundert Tabaksorten wählen kann. Aus hygienischen Gründen bekommt man dazu ein in Plastik eingeschweißtes Mundstück.
SHUKRAN	Danke

Danke

Ohne die Hilfe vieler Menschen wäre dieses Buch nicht zustande gekommen. Während meiner Ägyptenreise, davor und danach beim Schreiben haben sie mich begleitet, unterstützt, mit unzähligen Informationen versorgt und – das Wichtigste – es mir ermöglicht, in die faszinierende ägyptische Kulturwelt einzutauchen, vor allem in das heutige Ägypten mit seinen Gegensätzen zwischen Tradition und Moderne.

Ich danke der Deutschen Evangelischen Oberschule (DEO) in Kairo: besonders dem Schulleiter Wolfgang Selbert, den Lehrern Wolfgang Kröner, Edwin Lerch und Martin Schnackenberg sowie den Schülern der neunten Klasse, vor allem Leonie Lerch.

Ich danke dem Journalisten Jürgen Stryjak für die wunderbaren Spaziergänge durch Kairo und die vielen Insider-Infos, der Regisseurin Inas El Deghedi für das aufschlussreiche Interview, dem Übersetzer Omaya und Anne Pfleger, die vor einigen Jahren mit ihrer Familie in Kairo lebte und deren Erzählungen mich auf die Idee zu diesem Buch gebracht haben.

Besonders danken möchte ich auch meinem Mann Oliver Herwig und meiner Freundin Claudia Stockinger, die mir immer wieder Mut gemacht haben weiterzuschreiben.

München, den 7. März 2004
Henriette Wich